LA
BRIGADE MIXTE LAPASSET

PAR

le Lieutenant LOŸ

DU 84ᵉ RÉGIMENT D'INFANTERIE

PARIS

LIBRAIRIE MILITAIRE R. CHAPELOT ET Cᵒ

IMPRIMEURS-ÉDITEURS

30, Rue et Passage Dauphine, 30

—

1904

LA

BRIGADE MIXTE LAPASSET

PARIS. — IMPRIMERIE R. CHAPELOT ET Cᵉ, 2, RUE CHRISTINE.

LA
BRIGADE MIXTE LAPASSET

PAR

le Lieutenant LOŸ

DU 84ᵉ RÉGIMENT D'INFANTERIE

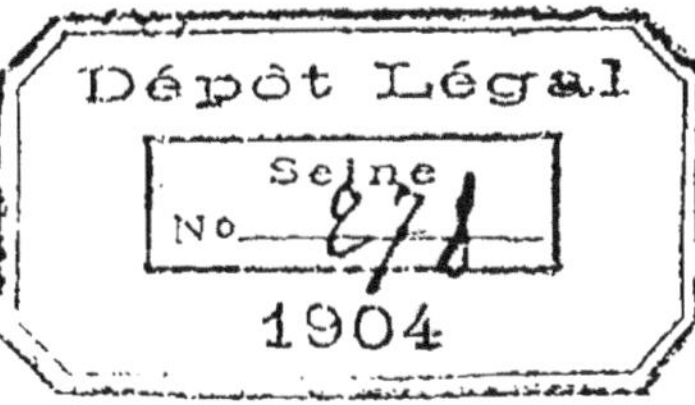

PARIS

LIBRAIRIE MILITAIRE R. CHAPELOT ET Cᵉ

IMPRIMEURS-ÉDITEURS

30, Rue et Passage Dauphine, 30

—

1904

LA
BRIGADE MIXTE LAPASSET

AVANT-PROPOS.

La brigade Lapasset, séparée du 5e corps à la suite des événements du 6 août 1870 et rattachée au 2e corps, comprenait, outre ses deux régiments d'infanterie, de la cavalerie et de l'artillerie. Grâce à cette composition mixte et à la valeur personnelle de son chef, elle joua, dans les événements qui se déroulèrent autour de Metz, un rôle particulièrement important et caractéristique. Comme l'a dit quelque part le général Lapasset lui-même, c'était une « division au petit pied », toujours chargée de missions spéciales et difficiles.

Placée à l'extrême gauche à Rezonville (16 août) et à Saint-Privat (18 août), à l'extrême droite dans les deux sorties de Servigny (26 et 31 août), elle ne se laissa jamais déborder par l'ennemi. Toujours à l'arrière-garde dans les marches rétrogrades de Sarreguemines à Mercy-le-Haut (du 7 au 13 août), de Mercy à Rezonville (14 août), de Saint-Privat à Longeville (19 août), de Colombey à Montigny (1er septembre), elle sut, par sa ferme attitude, en imposer à l'adversaire. L'affaire de Peltre (27 septembre), où elle agit presque seule, fut un des rares succès de cette campagne.

Aussi l'étude des opérations de la brigade mixte est-elle à la fois pleine d'unité et intéressante au plus haut degré.

Avant d'entrer dans le récit des faits auxquels elle prit part, il n'est pas inutile de dire quelques mots sur celui qui en fut le chef, sut lui inspirer une inébranlable confiance et lui acquérir un universel renom.

Le général Ferdinand-Auguste Lapasset était né le 29 juillet 1817 à Saint-Martin-de-Ré, d'une famille militaire. Après être passé par le Prytanée militaire, il fut reçu à Saint-Cyr en 1835, en sortit deux ans plus tard et entra à l'École d'application d'état-major qu'il quitta en 1840. Il partit alors pour l'Algérie, où il resta vingt-sept ans, presque sans discontinuité, faisant à peu près toute sa carrière jusqu'au grade de général de brigade dans les Affaires indigènes. Il prit part à toutes les répressions d'insurrections et rendit à la colonie d'immenses services, tant au point de vue militaire qu'administratif. En 1868, il revint en France et prit le commandement d'une brigade à Lyon. C'est là que le surprirent les événements de 1870.

Au retour de la captivité, il fut de nouveau envoyé en Algérie pour participer à la répression de la grande insurrection de 1871. L'année suivante, il fut appelé au commandement d'une division d'infanterie à Perpignan, puis à Toulouse, où il mourut en 1875.

On a publié récemment la correspondance du général Lapasset à sa femme, à ses chefs et à ses amis, ainsi que des notices qu'il avait écrites, traitant de la colonisation de cette terre algérienne, à laquelle il donna tant de lui-même [1].

Ces lettres nous font connaître sa pensée intime et le rehaussent encore à nos yeux. Celles qui furent écrites durant la campagne de 1870 et la captivité sont pleines d'infinie prévoyance et de profondes réflexions. Dès le début de la campagne, il semble prévoir les suites irrémédiables du désarroi qui régnait en France. Le 23 juillet, il écrivait de Bitche à sa femme : « Drôle de peuple que les Français ; d'une mobilité extrême dans les idées et routiniers en diable dans les faits, croyant toujours posséder ce qu'il y a de mieux, surtout en organisation militaire, et n'en possédant qu'une fort défectueuse. J'avais la prescience de ce qui arrive ; aujourd'hui, je touche du doigt des énormités. Notre légèreté se rit de tout cela : nous souffrons et nous plaisantons..... » Et, quelques jours après, le 1er août : « Ah ! que les novateurs militaires ont fait de mal à l'armée ! Avec toutes ces organisations, ces économies, ces changements, ces congés, ces semestres, on a semé le désordre et tant soit peu d'indiscipline. Il faudra quel-

---

[1] *Le général Lapasset, Algérie-Metz,* par un officier de l'armée du Rhin. Lire aussi sur le général Lapasset, la *Notice biographique* du général WARNET.

ques exemples et une main ferme pour remettre le tout en ordre. Dieu veuille que cela ne nous coûte pas un peu cher en commençant ! »

Ce fut surtout durant le siège de Metz qu'il se montra à la hauteur des circonstances, surélevant son âme, suivant sa propre expression, conservant jusqu'au dernier jour l'espoir de faire sa trouée. Nous verrons à la fin de cette étude l'activité qu'il déploya pour faire admettre de Bazaine ses projets de sortie : « Jusqu'au dernier moment, écrit-il à l'instant de s'embarquer pour la captivité, je voulais faire ma trouée..... Mais l'ennemi qui craignait de voir sa proie lui échapper, avait resserré et fortifié ses lignes de plus en plus.....; les généraux en chef que je vis ainsi que les autres me remontrèrent que c'était inutilement faire couler le sang, que l'œuvre était impossible, que c'était donner à l'armée l'exemple de la sédition, que n'ayant été vaincus que par la famine, il ne fallait pas l'être par les armes. Ces considérations me vainquirent à la dernière heure et, comme les autres, je dus courber la tête..... »

Ce soldat discipliné et droit ne put croire à la trahison de Bazaine : « Non, dit-il, le maréchal commandant en chef et ses commandants de corps d'armée n'ont pas trahi. Ils ont eu deux torts : mêler la politique à l'action militaire ; s'être laissé acculer dans une impasse et avoir manqué de résolution pour en sortir coûte que coûte..... [1] ».

Mais, si le général Lapasset ne put soustraire ses soldats à la captivité, ses drapeaux, du moins, n'ornèrent pas le triomphe du vainqueur. Ce fut, en ces jours de deuil, sa suprême consolation !

---

[1] Lettre écrite le 5 décembre de Dusseldorf. (*Le général Lapasset*, par un officier de l'armée du Rhin, t. II, p. 140).

I.

LA BRIGADE A SARREGUEMINES.

(Du 3 au 7 août 1870).

La brigade Lapasset (1re de la division L'Abadie d'Aydrein, 2e du 5e corps) fut formée au moment de la mobilisation avec les 84e et 97e régiments d'infanterie et le 14e bataillon de chasseurs. Elle ne se trouva rassemblée en totalité que le 4 août; le 84e, en effet, avait été provisoirement maintenu à Phalsbourg et à Bitche, où il tenait garnison au moment où s'ouvrirent les hostilités[1].

A la date du 24 juillet, le 5e corps, concentré à Bitche et à Haguenau, ayant reçu du major général l'ordre de se porter sur Sarreguemines[2], mit en route deux de ses divisions de Bitche sur Sarreguemines, et sa troisième de Haguenau sur Bitche.

19 juillet. — Le 3e lanciers, colonel Torel, qui devait plus tard faire partie de la brigade mixte Lapasset, était arrivé à Sarreguemines dès le 19, venant de Lunéville. Il avait poussé quelques reconnaissances dans la direction de Sarrebrück et était allé s'établir à Rohrbach sur la route de Bitche.

24 juillet. — Le 97e, colonel Copmartin, fort de 61 officiers et 1415 hommes, venant de Bitche, était arrivé à Sarreguemines le 24, à 3 heures du soir, après une marche assez pénible.

26 juillet. — Le 26, le 97e est, avec le 14e bataillon de chas-

---

[1] Au moment de la déclaration de la guerre, le général Lapasset commandait une brigade à Lyon. Il quitta cette ville le 18 juillet avec le 97e et le 14e bataillon de chasseurs et arriva le surlendemain à Bitche. Le 84e qui tenait garnison à Bitche et à Phalsbourg leur fut alors adjoint.

[2] « Il (le 5e corps) avait ordre d'occuper cette ville centre de grands approvisionnements, de se relier au 2e corps en appuyant à droite et de protéger la ligne de chemin de fer de Niederbronn à Sarreguemines. » (Général DE FAILLY, *Opérations et marches du 5e corps.*)

seurs (commandant Planck), envoyé à Grossbliederstroff, tête
de pont sur la Sarre, à 9 kilomètres au nord-ouest de Sarreguemines. Le but de ce déplacement est de fermer la trouée existant
entre le 5e corps et le corps du général Frossard[1]. Le service
d'avant-postes est immédiatement organisé ; mais de rares
patrouilles de uhlans sont seules encore en vue. Les jours suivants, des détachements sont envoyés reconnaître les ponts en
aval de Sarreguemines et opérer des destructions à la gare de
Kleinblittersdorf[2].

1er août. — Le 97e conserva jusqu'au 4 août ses positions,
qu'une batterie d'artillerie (la 7e du 2e régiment, capitaine Dulon)
vient renforcer le 1er août[3]. Les hommes de réserve de la brigade ne commencent à arriver que le lendemain. Ils doivent
l'augmenter de 1600 hommes et la porter à 5,000 hommes
environ.

2 août. — Le 2 août, le 5e corps fait une reconnaissance au
delà de la Sarre pour appuyer le mouvement du 2e corps sur
Sarrebrück ; la brigade Lapasset et la batterie demeurèrent en
réserve sur les hauteurs au nord de Grossbliederstroff.

3 août. — Le 3 août, à 3 heures du soir, les 1er et 2e bataillons du 84e et deux compagnies du 3e, sous le commandement
du colonel Benoît, arrivèrent à Sarreguemines venant de Phalsbourg, qu'ils avaient quitté la veille à 6 heures du soir. Le régiment ne fit que traverser la ville et alla camper sur les hauteurs
entre Welferding et Sarreguemines.

4 août. — Le lendemain matin, à 8 h. 1/2, les compagnies du
84e en garnison à Bitche rejoignirent leur corps, elles avaient
passé la nuit à la ferme de Wising.
Le régiment ainsi au complet et fort de 66 officiers et 1683
hommes reçut, vers 11 heures, l'ordre de rejoindre le reste de

---

[1] *Le général Lapasset*, *loc. cit.*, t. II, p. 113.
[2] La brigade Fauvart-Bastoul, du 2e corps, était installée à 5 kilomètres à
peine à l'ouest de la brigade Lapasset.
[3] *Le général Lapasset*, t. II, p. 117.

la brigade près de Grossbliederstroff. Le camp fut aussitôt levé sous les yeux même du général de Failly et le 84e, après une marche des plus difficiles, atteignit le campement du 97e vers 3 heures. Les deux régiments, que la destinée devait réunir ensuite d'une façon si étroite, se firent une réception pleine de cordialité. Les officiers du 97e invitèrent à leur table ceux du 84e, les hommes offrirent le café à leurs camarades.

Cette réception est brusquement interrompue, vers 5 h. 1/2, par un ordre enjoignant à la brigade de reprendre immédiatement la route de Sarreguemines. Des forces ennemies sont, en effet, signalées à Deux-Ponts[1]; on craint qu'elles ne pressent leur marche, et la brigade Lapasset doit se porter à Neunkirch[2], sur la rive droite, pour protéger la ville, tandis qu'une partie du 5e corps s'apprête à reprendre la route de Bitche pour appuyer le 1er corps.

Le camp est levé à 6 h 1/2. La nuit vient avant que l'on atteigne la place et la marche se fait lente et pénible Après avoir traversé Sarreguemines, la brigade s'engage sur la route de Bitche et, après avoir marché 2 kilomètres, se porte à gauche dans les champs. Après une heure d'attente, la marche est reprise, le village de Neunkirch traversé, et les régiments s'engagent sur la route de Deux-Ponts. Arrivé sur une hauteur qui se trouve à environ 1500 mètres du village, le 84e débotte à gauche et se déploie par bataillon, sa droite appuyée à la route. Le 3e bataillon de ce régiment est laissé en réserve au débouché est de Neunkirch. Le 97e, de son côté, se porte à droite de la route. Il est 1 h 1/2 du matin. Par suite des à-coups, d'arrêts non motivés et de l'obscurité, on a mis sept heures pour faire 12 kilomètres.

Les hommes bivouaquent sur place. Une compagnie est déployée en tirailleurs sur le front de chaque bataillon. Comme tous ignorent absolument ce qui se passe, les plus grandes précautions sont prises : le silence est absolu, aucun feu n'est allumé.

---

[1] C'était l'avant-garde du IVe corps prussien.
[2] La brigade Maussion (2e de la division l'Abadie d'Aydrein), devait aussi prendre position aux abords de Neunkirch.

5 août. — Au jour, la position de la brigade est améliorée, rectifiée ; des petits postes sont envoyés sur le versant ouest de la Blies vers Frauenberg afin de surveiller la frontière bavaroise. Les nouvelles les plus contradictoires circulent : on s'attend d'un moment à l'autre à une attaque de Sarreguemines. Cependant, le gros du IVe corps ennemi n'est encore qu'à Deux-Ponts, avec son avant-garde à Neu-Hornbach. Mais des pointes de cavalerie envoyées par la brigade von Bredow (V^e division de cavalerie), qui la veille a percé la frontière entre Sarreguemines et Pirmasens, se montrent sur différents points. L'une d'elles, qui s'est avancée jusqu'à Frauenberg pour reconnaître le petit poste du 84e placé sur la route, est accueillie à coups de feu. Dans l'après-midi, une patrouille de chevau-légers bavarois, qui s'était montrée en avant de Neunkirch, fut repoussée par des cavaliers français. Le résultat le plus pratique obtenu par cette cavalerie d'exploration fut, dans la nuit qui suivit, la destruction sur plusieurs points du chemin de fer de Bitche à Sarreguemines.

Tandis que la brigade Lapasset s'apprêtait ainsi à défendre le passage de la Sarre, de graves événements se passaient au 5e corps. A la suite de l'échec de Wissembourg (4 août), l'empereur avait, en effet, réuni entre les mains du maréchal Mac-Mahon le commandement des 1er, 5e et 7e corps. De ce fait, le général de Failly avait reçu des ordres du major général pour reporter son corps d'armée sur Bitche. D'autre part, Mac-Mahon mandait par des lettres et des télégrammes, qui se firent de plus en plus pressants dans la journée du 5, le 5e corps à Frœschwiller.

En exécution de ces ordres, le général de Failly mit ses troupes en marche dès le 5 au matin, la division Goze en tête, la brigade Maussion (2e de la 2e division) en queue. Mais l'incertitude dans laquelle on se trouvait sur les mouvements de l'ennemi fit marcher avec la plus extrême lenteur. Au soir, la division Goze atteignait Bitche, mais la brigade Maussion ne dépassait pas Rohrbach.

Quant à la brigade Lapasset, qui, avec la brigade Maussion, formait la division L'Abadie d'Aydrein, elle devait :

1° Continuer à protéger Sarreguemines contre les attaques possibles de l'ennemi jusqu'à l'arrivée de la division Montaudon,

du 3ᵉ corps, qui devait se porter de Puttelange sur Sarreguemines ;

2º Convoyer ensuite jusqu'à Bitche le train du 5ᵉ corps, com-
prenant les vivres, les munitions, les ambulances et le trésor.
Pour protéger cet immense convoi de plus de 600 voitures on
avait adjoint aux deux régiments d'infanterie de la brigade, une
batterie d'artillerie, le 3ᵉ lanciers, et deux escadrons du 12ᵉ chasseurs. Quant au 14ᵉ chasseurs à pied, il était parti avec la brigade
Maussion, laissant seulement une compagnie à Sarreguemines,
destinée, en principe, à la garde de la batterie d'artillerie.

Donc, tandis que la brigade Lapasset, continuait à protéger le
passage de la Sarre, le reste du 5ᵉ corps défilait sur la route de
Bitche. Il ne restait plus au général Lapasset qu'à attendre l'arrivée de la division Montaudon. Cette dernière n'arriva à Sarreguemines que vers 5 heures du soir. Toujours dans la crainte
d'une attaque probable des Allemands, on n'osa, à cette heure
avancée, mettre en marche le grand convoi dont le départ fut
remis au lendemain à la première heure. En attendant, le 84ᵉ et
97ᵉ gardèrent leurs positions.

Quant à la division Montaudon, elle s'était mise en mesure, le
soir même, de veiller à la sécurité de la ville. Elle avait établi
son campement sur la rive droite de la Sarre (une brigade au
nord-ouest de Neunkirch, l'autre au sud-est) et envoyé ses
grand'gardes jusqu'à la Blies.

Il semble que pendant la nuit du 5 au 6, comme d'ailleurs pendant tout le temps qu'elle protégea Sarreguemines, la brigade,
peu ou pas renseignée par la cavalerie française et trompée par
les pointes multiples de celle de l'ennemi, se soit constamment
crue sur le point d'être attaquée. Cela fut cause d'une foule d'inu-
tiles déplacements, rendus extrêmement pénibles par la pluie et
l'obscurité, et de travaux de campagne entrepris dans des
circonstances tout à fait déplorables.

C'est ainsi qu'à la tombée de la nuit, vers 8 heures, l'ordre
arriva à la brigade de se tenir prête à se reporter en arrière, sur
Neunkirch. Les hommes attendirent, sous une pluie torrentielle,
l'ordre de départ, qui ne fut donné qu'à minuit. Les difficultés
de la marche furent si grandes qu'on n'atteignit Neunkirch qu'à
2 heures du matin. Là, les troupes se barricadèrent, crénelèrent
les murs et mirent le village en état de défense.

La division Montaudon, également trompée par les reconnaissances de la cavalerie ennemie, s'était, vers minuit, reportée en arrière, sur la rive gauche de la Sarre afin d'occuper les hauteurs dominant cette rive. La brigade Lapasset restait seule à Neunkirch.

6 août. — Au jour, l'ennemi ne s'étant pas montré, la division Montaudon revint occuper ses positions de la veille et relever définitivement la brigade Lapasset. Celle-ci dut se porter plus au Sud, le long de la grande route de Bitche, afin d'être à même de protéger efficacement le convoi, qui, parqué dans les champs à proximité et au sud de la route, devait se mettre en marche à 8 heures.

A l'heure fixée, le convoi s'engagea sur la route de Bitche, escorté seulement par quelques cavaliers et quelques gendarmes. C'était là une grave imprudence, étant donné le nombre des patrouilles ennemies qui, la nuit précédente, avaient débouché des ponts de la Blies et menaçaient les voitures dont les conducteurs étaient, pour la plupart, des paysans réquisitionnés.

C'est ainsi que, peu après le départ, quelques voitures accompagnées de deux gendarmes et d'un chasseur à cheval, qui s'étaient engagées dans le chemin de Folperswiller, en faisant un crochet au nord de la grande route, furent attaquées par les uhlans. Un escadron du 3e lanciers et un bataillon du 97e furent aussitôt envoyés dans la direction du village et réussirent aisément à disperser les cavaliers ennemis.

D'un autre côté, d'autres uhlans étaient venus caracoler jusque devant le 84e et avaient tiraillé sur ses bagages et sa musique.

Un peu plus tard, on apprit qu'une reconnaissance allemande, forte de deux bataillons, trois régiments de cavalerie et d'une batterie d'artillerie s'était montrée sur la route de Bitche[1]. Le général Montaudon, par prudence, retarda le départ de la brigade Lapasset et fit rétrograder sur Sarreguemines le convoi du 5e corps.

Vers 11 heures, on commença à entendre le canon dans la direction de Forbach. A 1 heure, le général Montaudon reçut, à

---

[1] Commandant Rousset, *La Guerre franco-allemande*, t. 1, p. 196.

Sarreguemines, un télégramme du major général, venant de Metz et lui annonçant qu'il devait s'attendre également à être attaqué. La 1re division du 3e corps s'apprêta à défendre la position qu'elle occupait sur le rive droite de la Sarre, position dont Neunkirch était le centre. Quant à la brigade Lapasset, elle reçut l'ordre de se porter sur la gauche et d'occuper les hauteurs de Welferding (cotes 249, 255, 262) que le 84e avait déjà occupées le 3 août, afin de se placer en réserve et de protéger, le cas échéant, la retraite de la division Montaudon.

Telle était la situation quand, à 2 h. 40 du soir, le général Montaudon reçut de Saint-Avold un ordre du maréchal Bazaine lui enjoignant de se diriger sur Grossbliederstroff et de marcher au secours du 2e corps, assailli à Spickeren. La division Montaudon se porta alors en arrière, retraversa Sarreguemines, non sans une certaine confusion, et en déboucha à 5 heures du soir. Mais, au lieu de prendre la grande route de Sarrebrück, le général préféra couper par Rouhling ; la nuit le surprit dans ce village et il dut s'arrêter.

La brigade Lapasset restait donc seule en arrière pour défendre la ville et les immenses approvisionnements qui s'y trouvaient accumulés. Dès ce moment, elle ne devait plus songer à rejoindre le 5e corps, la cavalerie ennemie interceptant complètement les communications et le passage de la rivière à Sarreguemines se trouvant à la merci de l'ennemi si elle se portait vers Bitche.

La brigade prit donc ses dispositions pour défendre le passage de la rivière. A droite, le 97e met en état de défense le pont du chemin de fer ; à gauche, une compagnie du 84e occupe Welferding et s'apprête à défendre le passage du gué et du pont de ce village. Du côté de l'ennemi, la cavalerie devient de plus en plus agressive ; c'est ainsi que dans la soirée un régiment vient faire une réquisition de chevaux et de fourrage à Grossbliederstroff.

Mais les événements de cette triste journée n'étaient pas encore connus quand, à 11 h. 1/2, un officier d'état-major, aide de camp du général Frossard, vint apprendre le désastre de Spickeren. Le 2e corps battait en retraite sur Sarreguemines, la division Vergé par Alsting et Grossbliederstroff, les divisions Laveau-coupet et Bataille par OEtingen, Behren, Bousbach et Welferding.

Vers 12 h. 1/2, le général Frossard arriva avec son état-major ;

sa déception fut grande quand il apprit, par la bouche de l'officier qui commandait la grand'garde du 84ᵉ, à Welferding, que le 5ᵉ corps s'était, la veille, dirigé sur Bitche. Ses projets se trouvaient ainsi renversés. Derrière lui et dans un ordre relatif la retraite s'opérait. Toute la nuit et toute la matinée du lendemain les troupes de la brigade Lapasset virent défiler vers Sarreguemines les régiments décimés du 2ᵉ corps.

Le général Frossard, ne trouvant pas l'appui sur lequel il comptait, n'ayant aucune instruction du maréchal Bazaine et craignant d'être pris entre deux armées allemandes, donna Puttelange comme nouvel objectif à ses troupes. De son côté, la division Montaudon qui avait campé sur les hauteurs, entre Cadenbronn et Rouhling, apprenant la retraite du 2ᵉ corps, s'était elle-même, à 11 heures du soir, porté sur Puttelange.

7 août. — La brigade Lapasset s'apprêtait elle-même à quitter ses positions, vers 7 heures du matin, et redescendait vers la ville quand elle reçut avis du général Frossard qu'elle était définitivement adjointe au 2ᵉ corps et qu'elle était chargée d'en protéger la retraite sur Puttelange. Elle devait reprendre ses positions sur les hauteurs de Welferding, laisser écouler toutes les fractions du 2ᵉ corps battant en retraite, ainsi que les convois rassemblés dans Sarreguemines et former l'extrême arrière-garde de l'armée.

Voici comment le général Frossard, dans son rapport sur les opérations du 2ᵉ corps, relata ce fait : « Le commandant du 2ᵉ corps prescrivit au général Lapasset de suivre le mouvement de son corps d'armée et il ne fit en cela que prévenir l'ordre qu'il reçut, dans ce sens, de Bazaine, dans la journée du 7... », et il ajoute, un peu plus loin : « Attachée accidentellement au 2ᵉ corps, cette brigade mixte ne cessa plus d'en faire partie et elle en fut un des éléments les plus utiles [1]. »

A 4 heures du soir seulement, la brigade Lapasset put se mettre en marche et remplir avec honneur une tâche qui se prolongea jusque sous les murs de Metz. Une heure après le passage des dernières troupes françaises dans Sarreguemines, un régiment

---

[1] Général FROSSARD, *Rapport sur les opérations du 2ᵉ corps*, p. 162.

de hussards prussiens, le 17e, de la brigade Rauch (VIe division de cavalerie), qui depuis la veille observait la ville et avait rendu compte qu'elle était fortement occupée, en prit possession. Il y trouva des approvisionnements considérables en vivres ainsi que quelques locomotives[1].

Si la présence de la brigade Lapasset et des troupes décimées du 3e corps s'était prolongée à Sarreguemines leur position eût pu devenir critique. En effet, le grand état-major allemand, croyant que Mac-Mahon battrait en retraite par Bitche, avait donné l'ordre, au commandant de la IIe armée, de porter son aile gauche[2] et sa cavalerie sur Rohrbach et de s'emparer de Sarreguemines. « Dans le cas où l'ennemi résisterait vigoureusement à Sarreguemines, ce point ne devait pas être attaqué sérieusement par l'Est; on avait, au contraire, l'intention de le faire aborder du Nord par le IIIe corps, qui se trouvait déjà sur la rive gauche de la Sarre[3]. »

Les circonstances qui avaient rendu nécessaire l'adjonction de la brigade Lapasset au 2e corps, circonstances que nous avons énumérées, s'étaient encore aggravées par ce fait que l'armée de Mac-Mahon battait en retraite sur Châlons. A partir du 7 août, la brigade prit le nom de brigade mixte Lapasset et fut composée ainsi qu'il suit :

> 84e d'infanterie (colonel Benoît);
> 97e d'infanterie (colonel Copmartin);
> 7e batterie du 2e d'artillerie (capitaine Dulon);
> 3e lanciers[4] (colonel Torel);
> 1 escadron du 12e chasseurs et 1 du 5e hussards[5];
> 2e compagnie du 14e chasseurs à pied;
> Le train, les ambulances, le trésor, la prévôté du 5e corps.

De plus, une compagnie du 46e de ligne et une section du

---

[1] Le prince Frédéric-Charles y établissait son quartier général le lendemain.

[2] IVe et Xe corps.

[3] *La Guerre franco-allemande; Relation de l'État-Major allemand.* Traduction Costa de Cerda, p. 399.

[4] Aujourd'hui 15e dragons.

[5] Ces deux escadrons, comme le 3e lanciers, appartenaient à la division de cavalerie Brahaut, du 5e corps. Ils étaient spécialement chargés de la garde du convoi qu'ils accompagnèrent à Metz.

mème régiment, de garde, le 4 août, l'une chez le général de Failly, l'autre à la gare, ainsi que deux compagnies (une du 11e et une du 86e) oubliées en grand'garde, furent adjointes au 3e bataillon du 97e ;

Enfin, 350 réservistes du 46e, arrivés à Sarreguemines après le départ du régiment, furent versés dans le 84e.

La situation de la brigade au départ de Sarreguemines est de 180 officiers, 5,160 hommes de troupe, 861 chevaux.

II.

LA RETRAITE SOUS METZ.

(Du 7 au 11 août.)

La retraite des 2e, 3e et 4e corps, après l'affaire du 6 août, se fit, on le sait, sans plan nettement arrêté, au milieu de tergiversations sans nombre, d'ordres et de contre-ordres successifs. Tout d'abord, l'empereur avait songé à concentrer les trois corps d'armée et la Garde à Saint-Avold et à les jeter sur le flanc droit de l'adversaire. Puis il résolut de faire opérer, au camp de Châlons, la jonction des armées de Bazaine et de Mac-Mahon et de reprendre l'offensive avec toutes ses forces réunies. Ce projet fut abandonné dès le 7 au soir, et il fut décidé que l'on défendrait la ligne de la Nied française entre Pange et Les Étangs.

Quelques jours après, d'ailleurs, le 10, on devait revenir à la conception d'une retraite générale sur Châlons [1].

Le commandant du 2e corps avait reçu, dans la journée du 7, l'ordre de se retirer sur Châlons, après avoir rallié l'armée sous Metz [2]. Mais le surlendemain, conformément au changement de plan de l'état-major, il marcha sur Remilly et Courcelles-sur-Nied.

7 août. — Dans la matinée du 7, les divisions du 2e corps s'étaient portées de Sarreguemines à Puttelange. Elles marchaient dans l'ordre suivant : la division Vergé en tête; puis la division

---

[1] ROUSSET, *La Guerre franco-allemande*, t. I, p. 328 à 334.
[2] Général FROSSARD, *Opérations du 2e corps*, p. 65.

Bataille, suivie de la division Laveaucoupet et de la division de cavalerie Valabrègue. A 5 heures du soir, leurs fractions avaient à peu près toutes établi leur campement au sud de Puttelange, en arrière du ruisseau le Morderbach. Elles avaient trouvé dans la petite ville les divisions Montaudon et Metman, du 3e corps, arrivées dans la matinée.

La brigade Lapasset, formant l'arrière-garde, ne put quitter ses positions avant 4 heures du soir, par suite de la nécessité où elle se trouvait de laisser écouler sur la route le convoi du 5e corps et les traînards du 2e. Le 1er bataillon du 97e, appuyé par un peloton du 3e lanciers, fournit l'extrême arrière-garde. La majeure partie du 3e lanciers avait été employée comme escorte de l'artillerie du 2e corps. Mais le général Lapasset avait vu sa cavalerie grossir provisoirement par l'adjonction de trois pelotons du 10e chasseurs de la division Metman, qui, envoyés en arrière des bagages et des traînards de la division, s'étaient ralliés à Sarreguemines à la brigade mixte. Cette cavalerie coopéra activement aux opérations d'arrière-garde jusqu'à Remilly[1]. Par suite de l'encombrement de la route, la marche se fait avec une lenteur désespérante A la tombée de la nuit, la brigade vient camper au sud du village d'Ernestwiller, à 3 kilomètres au nord de Puttelange, la droite à la grande route, et se tient prête à toute éventualité. L'ennemi ne se montre pas. Des uhlans sont cependant signalés vers 2 heures du matin à Woustwiller, à 4 kilomètres nord-est des positions de la brigade. Une reconnaissance, forte d'un escadron du 3e lanciers et de deux compagnies du 97e est envoyée dans cette direction et revient à 4 heures du matin sans avoir rencontré l'ennemi.

8 août. — Le 8 au matin, les divisions Montaudon et Metman quittèrent Puttelange et se dirigèrent sur Pange par Faulquemont, tandis que le 2e corps abandonnait son bivouac à 5 heures pour prendre la route de Château-Salins et aller établir son campement sur la ligne Bi-troff, Gros-Tenquin, Erstroff, Altroff. Vers 8 heures, la brigade mixte quitta Ernestwiller, le 84e marchant à l'extrême arrière-garde. Elle ne dépassa pas Hel-

---

[1] Dick de Lonlay, *Français et Allemands*, t. II, p. 282.

limer, à 5 kilomètres à l'est de Gros-Tenquin où elle établit son bivouac à 3 heures du soir, reliant ses grand'gardes à celles de la cavalerie du 2ᵉ corps campée à Altroff. Des uhlans vinrent presque aussitôt reconnaître nos avant-postes et provoquer une fausse alerte qui mit sur pied toute la brigade. On se trouve d'ailleurs sans aucun renseignement sur la poursuite de l'ennemi qui semble se faire avec mollesse. Dans la soirée, cependant, on aperçoit des feux de bivouac dans la direction de Saint-Jean—Rohrbach et Puttelange. Ils appartenaient à la 5ᵉ division de cavalerie (de la IIᵉ armée), qui reprenait le contact perdu depuis Forbach.

Craignant une attaque le lendemain à la première heure, le général Frossard, qui avait reçu la veille l'ordre de gagner la Nied française, décida de se dérober par une marche de nuit. Les impedimenta du corps d'armée quittèrent le camp du 2ᵉ corps dès 8 heures du soir et se dirigèrent sur Brulange. Les troupes devaient se mettre en marche à minuit, tandis que la brigade d'arrière-garde ne quitterait Hellimer qu'à 1 heure du matin.

9 août. — En raison de l'obscurité, du mauvais temps, du mauvais état et de l'encombrement des routes, le mouvement de retraite du 2ᵉ corps ne put se faire qu'avec une extrême lenteur. A 7 heures seulement, les dernières troupes du corps du général Frossard avaient levé leur camp. Quant à la brigade Lapasset, qui avait quitté Hellimer à l'heure fixée, elle vint se heurter, à Gros-Tenquin, aux divisions du 2ᵉ corps qui n'avaient point encore opéré leur retraite, et dut s'arrêter.

De Gros-Tenquin à Brulange, on peut suivre deux itinéraires : l'un au nord, l'autre au sud de la voie ferrée Metz—Sarrebourg. Celui du nord, par Landroff, est de beaucoup le plus direct ; mais les divisions du 2ᵉ corps préférèrent suivre la grande route, de Château-Salins jusqu'à Baronville, et remonter de là sur Brulange. Cela permettait d'engager les troupes sur des voies plus larges et mieux entretenues, sérieux avantage, étant donnés l'obscurité et le mauvais temps. Toutefois le général Frossard, avec la brigade Valazé de la division Vergé, suivit, de sa personne, le chemin de grande communication de Landroff pour couvrir le flanc droit de son corps d'armée.

La brigade Lapasset, après avoir stationné de longues heures à Gros-Tenquin, se mit en marche à son tour, suivit également, à partir de Berig, le chemin de Landroff et parvint à Brulange avant le gros du 2e corps. Chose inconcevable, le mouvement rétrograde n'est pas couvert par la division de cavalerie ; le même fait d'ailleurs s'était produit la veille et l'avant-veille.

Le chemin parcouru par la brigade mixte longeait le ruisseau la Rolle, affluent de la Nied. Il se trouvait dans le plus mauvais état et les hommes pataugeaient dans une boue épaisse. Au Nord, s'étendaient des bois qui couvraient tout le versant de la vallée. Le général Lapasset, craignant qu'ils ne fussent occupés par l'ennemi, les fit fouiller par des compagnies de flanc-garde.

Le bivouac du 2e corps devait primitivement être installé à Brulange. Mais, pendant la route, le général Frossard avait reçu des ordres du maréchal Bazaine, lui prescrivant de hâter sa marche sur Remilly et de gagner si possible Courcelles-sur-Nied pendant la nuit. En conséquence, le 2e corps, après une grand'-halte de deux heures à Brulange, reprit sa marche et vint établir son camp à l'ouest de Remilly, au nord de la voie ferrée. entre 6 et 7 heures du soir.

La brigade Lapasset, toujours à l'arrière-garde, arriva vers 7 h. 1/2, à Aubécourt, à 4 kilomètres à l'est de Remilly, et établit son camp non loin de l'embranchement des lignes de chemin de fer Metz—Sarreguemines, Metz—Sarrebourg,

Cette journée du 9 avait été pénible entre toutes. Partis à 1 heure du matin pour arriver à 7 heures du soir, les hommes n'avaient pas à la vérité couvert plus de 32 à 35 kilomètres, mais si l'on tient compte de la lenteur même de la marche, de la pluie qui n'avait pas discontinué, du mauvais état des chemins et des difficultés que les hommes avaient éprouvées pour se nourrir, malgré l'indemnité de 0 fr. 80 qui leur avait été allouée, on conçoit que leur état d'exténuation devait être grand [1].

Pendant la marche du 9, le général Lapasset semble s'être rendu compte de la direction que prenaient les têtes de colonnes de la IIe armée. On lit, en effet, dans le rapport du général Frossard : « Arrivé à Brulange, le général Frossard y est informé par

---

[1] Pendant quatre jours, aucune distribution n'avait été faite, et beaucoup d'hommes maraudaient ou tendaient à se débander. (*Le général Lapasset*, t. II, p. 119.)

le commandant de son arrière-garde que les forces prussiennes cessaient de suivre le 2e corps et prenaient sur sa gauche la direction de Pont-à-Mousson, renseignement confirmé le soir par les gens du pays[1]. »

10 août. — Le lendemain 10, le 2e corps acheva son mouvement de concentration et vint occuper la ligne Ars-Laquenexy—La Basse-Bévoy ; la division Bataille s'étendait entre Mercy-le-Haut et Ars-Laquenexy, la division Vergé entre Mercy et La Basse-Bévoy, la cavalerie entre les fermes de La Haute et La Basse-Bévoy et le chemin de fer de Sarrebrück, la division Laveaucoupet en réserve en avant du fort Queuleu.

La brigade Lapasset, elle, avait quitté son campement d'Aubécourt à 6 heures du matin ; elle vint prendre position en avant du 2e corps, face à la Nied, entre le village d'Ars-Laquenexy d'une part, et les villages de Laquenexy et Villers-Laquenexy de l'autre. Les grand'gardes devaient occuper solidement et fortifier : celles du 97e, Laquenexy ; celles du 84e, Villers-Laquenexy et le pont de la route de Faulquemont. Quant à la batterie d'artillerie de la brigade, elle devait s'installer sur la croupe qui coupe la route à 1 kilomètre à l'est d'Ars. Malgré la fatigue, la pluie et la boue, les hommes travaillèrent activement à creuser des tranchées, à faire des abatis et à barricader l'entrée des villages.

La nuit se passa sans incident. La Ire armée allemande, qui atteint Saint-Avold, ne dépasse pas ce point. La IIe armée s'avance lentement sur la route de Sarreguemines à Château-Salins et semble vouloir se diriger sur Pont-à-Mousson.

C'est dans cette journée du 10 qu'un conseil de guerre tenu à Pange, sous la présidence de l'empereur Napoléon, décida la retraite générale des 2e, 3e, 4e corps et de la Garde sur Châlons. Mais, comme nous le verrons plus loin, le mouvement ne commença que le 14.

11 août. — Le 11 au matin, les positions du 2e corps furent légèrement modifiées. Les divisions Bataille et Vergé vinrent occuper la ligne Mercy-le-Haut (division Vergé), Peltre, Magny-

---

[1] Général Frossard, *Opérations du 2e corps*, p. 69.
Brigade Lapasset.

sur-Seille (division Bataille) ; la division Laveaucoupet restait en deuxième ligne entre La Basse-Bévoy et la route de Strasbourg ; l'état-major du 2e corps à Mercy-le-Haut.

Quant à la brigade Lapasset, qui avait quitté son campement à 6 heures du matin, elle rentra dans les lignes et arriva à Grigy-sous-Metz à 10 heures du matin. Elle y établit son campement à la gauche de la division Laveaucoupet.

En arrivant sous Metz, le général Lapasset avait sollicité et obtenu d'envoyer dans la place les 1600 hommes de réserve qui à Sarreguemines étaient venus grossir les rangs de la brigade. « La constitution des réserves, l'abus des congés, des semestres renouvelables, dit-il dans une lettre à sa femme, ont énervé l'armée, et cela à un tel point qu'ayant dans ma colonne 1600 hommes de cette catégorie, j'ai demandé comme une faveur de les laisser à Metz[1]. »

La mission de la brigade d'arrière-garde se terminait tout à son honneur : la marche du 2e corps ne fut jamais sérieusement inquiétée.

« Si la retraite du corps Frossard, dit le général Ambert, s'opéra tumultueusement, l'arrière-garde fit l'admiration de tous par sa discipline, son attitude militaire, son calme et sa fermeté. »

Dans sa déposition au procès du maréchal Bazaine, le général Frossard a dit : « J'étais tranquille, la brigade Lapasset était là[2]. »

III.

DE MERCY-LE-HAUT A REZONVILLE.
(Du 12 au 15 août.)

Le mouvement de retraite sur Châlons avait été décidé le 10 ; avec un peu de bonne volonté, il eut pu débuter dès ce moment. Mais la réorganisation des corps les plus éprouvés, les difficultés que rencontra le général Coffinières dans l'établissement des ponts sur la Moselle et surtout la coupable impéritie du maré-

---

[1] Le général Lapasset, t. II, p. 120.
[2] Général Ambert, Récits militaires. L'Invasion, t. I, p. 183.

chal Bazaine furent cause que le mouvement ne commença que le 14 au matin.

Le 12 août, les corps français occupaient les positions générales suivantes : A droite, le 6e corps, qui venait d'arriver, se tenait entre la Moselle et la Seille[1] ; puis le 2e corps occupait Magny-sur-Seille, Peltre, Mercy-le-Haut ; le 3e, Grigy, Montoy, Colombey, Nouilly ; le 4e, Grimont, Mey, Thieulles. La Garde était en réserve derrière Borny.

Du côté des Allemands, la Ire armée tenait la ligne Boulay — Morhange et s'apprêtait à border la Nied des Étangs (VIIIe corps) à Pange (VIIe corps). La IIe armée s'étendait sur la ligne Faulquemont—Sarre-Union et pivotait autour du IIIe corps établi à Faulquemont.

Les Ire et IIIe divisions de cavalerie exploraient en avant de la Ire armée, les Ve et VIe en avant de la IIe. La Ve division avait pour mission d'éclairer la marche de la IIe armée vers la Moselle ; la VIe, se reliant à la précédente, devait masquer la marche de flanc de la même armée ; passant la Nied à Pange, elle fit dans la journée du 12 une reconnaissance de nos positions vers Laquenexy.

Il nous a paru nécessaire de rappeler brièvement ces dispositions générales, qui permettent de se rendre un compte exact des événements survenus en avant du front occupé par la brigade mixte du 12 au 14 août.

12 août. — Dans la journée du 12, les positions du 2e corps furent encore une fois modifiées. Dans la matinée, la brigade Lapasset, quittant son campement de Grigy, vint occuper Mercy-le-Haut et le bois d'Ars-Laquenexy. Vers 4 heures du soir, la division Vergé, laissant la brigade mixte seule à Mercy, alla s'établir à droite de la division Bataille, au sud de Peltre. Enfin, le général Frossard transporta son quartier-général à La Basse-Bevoye.

La brigade Lapasset reçut l'ordre de s'établir solidement sur ses positions, afin de résister à une attaque que l'on croyait imminente. Le 97e occupa le bois d'Ars-Laquenexy et relia ses

---

[1] Il devait, dès le 13, être porté au Nord entre Woippy et Metz, sur la rive gauche.

avant-postes à ceux de la 3e division (Metman) du 3e corps, campée à Colombey. En avant, le village d'Ars n'était pas occupé. Les 1er et 3e bataillons du 84e s'installèrent dans Mercy-le-Haut, qu'ils mirent en état de défense. Les travailleurs de ce régiment, aidés par la 9e compagnie du 3e génie, fortifièrent, sous la direction du général Dubost, commandant le génie du 2e corps, le château, la ferme et le parc de Mercy-le-Haut et construisirent des tranchées-abris entre ce village et la route de Strasbourg. Le 2e bataillon du 84e était placé aux avant-postes dans un bois-taillis situé à 1 kilomètre environ en avant de Mercy et se reliait par sa gauche aux grand'gardes du 97e. En avant du front de la brigade mixte, des postes du 4e chasseurs à cheval (division Valabrègue) occupaient le village de Jury et le passage à niveau du chemin de fer de Sarrebrück. Dans cette journée, plusieurs petites reconnaissances de la cavalerie ennemie eurent lieu en avant des positions de la brigade. Mais l'événement le plus notable fut l'arrivée, dans la matinée, de la grande reconnaissance poussée au delà de la Nied par la VIe division de cavalerie allemande. Cette division détacha sur Pange la brigade de hussards Rauch [1], qui, trouvant ce village inoccupé, se porta sur Laquenexy. Le feu de quelques patrouilleurs ayant fait croire ce village assez solidement occupé, la batterie à cheval de la division le canonna. Lorsqu'il eut été évacué, un escadron essaya de pousser jusqu'à Ars-Laquenexy ; mais il fut accueilli par le feu des avant-postes du 97e et dut se retirer [2].

13 août. — Le lendemain 13, les reconnaissances allemandes se font plus fréquentes et plus hardies, et amènent plusieurs engagements sur le front de la brigade mixte. Il semble qu'en présence des travaux accomplis à Mercy et à Peltre, ces reconnaissances aient cru ces points plus solidement occupés qu'ils ne l'étaient en réalité. « De nouvelles reconnaissances, dit la Relation de l'État-Major allemand [3], faisaient connaître qu'Augny n'était pas occupé ; mais que des forces considérables, évaluées

---

[1] L'autre brigade de la division, la brigade Grüter, maintenait la relation avec la Ve division de cavalerie qui se portait sur la Moselle.
[2] Voir la *Relation de l'État-Major allemand*, t. 1, p. 425.
[3] T. 1, p. 433.

à deux ou trois corps d'armée, campaient en arrière des localités de la Grange-Mercier, Magny, Peltre, Jury et Ars-Laquenexy. Ces points paraissaient assez fortement gardés et organisés défensivement ; de nombreux avant-postes d'infanterie en couvraient les approches. » Or, nous avons vu que derrière les points ci-dessus indiqués il n'y avait que le 2e corps.

Vers une heure de l'après-midi, les grand'gardes des 97e et 84e régiments repoussèrent une petite reconnaissance d'infanterie qui tentait de pénétrer dans le bois de Mercy-le-Haut.

Un peu plus tard, à deux heures, on aperçut des hauteurs de Mercy des masses de cavalerie ennemie qui se dirigeaient de Courcelles sur Chesny et Mécleuves. C'était la Ire division de cavalerie qui venait relever la VIe qui se portait entre la Seille et la Moselle. Un régiment de uhlans s'en détachait sur Frontigny et Jury, mettait en fuite le poste de chasseurs à cheval qui occupait ce dernier point et ne se retirait que devant les feux des grand'gardes du 2e bataillon du 84e. Cinq ou six escadrons français se lancèrent à sa poursuite. Le régiment allemand rendit compte que « l'on remarquait beaucoup de mouvement dans le camp de Mercy[1] ».

Presqu'aussitôt après la *26e* brigade[2] (général von der Goltz), avant-garde du VIIe corps allemand, qui avait traversé la Nied, passait la ligne de chemin de fer à Frontigny. Ce corps qui venait de Morhange, allait border la Nied de Pange à Domangeville. Trois escadrons de hussards, un bataillon de chasseurs et deux batteries légères appuyaient sa brigade d'avant-garde. Cette brigade avait reçu l'ordre d'établir ses avant-postes sur la ligne Jury—Marsilly ; mais la présence des Français sur la ligne Peltre—Coincy les fit reporter plus en arrière. Le bataillon de chasseurs occupa le bois situé à l'ouest de Laquenexy, tandis que le gros de l'avant-garde bivouaquait à l'ouest de Villers-Laquenexy[3].

L'arrivée de la 26e brigade avait mis en éveil les troupes du général Lapasset ; aussi les fourrages et reconnaissances entrepris

---

[1] *Relation de l'Etat-Major allemand*, t. I, p. 435.

[2] Au cours de la campagne, par une coïncidence curieuse, nous retrouverons plusieurs fois la 26e brigade aux prises avec la brigade Lapasset à Mercy (13 août), à Jussy (18 août), à Peltre (27 septembre).

[3] *Relation de l'Etat-Major allemand*, t. I, p. 435.

par l'ennemi dans l'après-midi n'eurent-ils que peu de succès. Deux compagnies d'infanterie envoyées vers Ars-Laquenexy furent repoussées par le feu des grand'gardes du 97e occupant le bois et par ceux des soldats du 3e corps placés au château d'Aubigny.

Presque en même temps une compagnie de chasseurs poussait jusqu'à Jury, qu'elle trouvait inoccupé et où elle s'installait. Les soldats du 2e bataillon du 84e placés en grand'garde, ouvraient le feu sur elle et tandis que deux ou trois compagnies du même régiment sortaient de Mercy et venaient se déployer en avant du village, des deux côtés de la grande route de Strasbourg ; un escadron de chasseurs appuyait leur droite. Cette démonstration eut pour résultat de faire évacuer Jury par les chasseurs ennemis qui se retirèrent sur Laquenexy. La nuit se passa sans incident.

Ce fut dans la soirée du 13, à 5 heures, que les réservistes de la brigade mixte quittèrent cette dernière pour se rendre à Metz où ils couchèrent sur l'Esplanade. Les 350 réservistes du 46e, d'abord versés dans le 84e, et 409 autres du 49e, arrivés à Sarreguemines le 6 dans la soirée, avaient été formés en un bataillon de marche sous les ordres du lieutenant-colonel Charmes, du 84e. Ce bataillon avait utilement coopéré à la protection du mouvement rétrograde : le 7, il avait marché à l'arrière-garde ; le 9, il avait escorté le convoi à Oubécourt ; le 10, il avait organisé la défense de la partie ouest de Villers-Laquenexy. Les éléments de ce bataillon devaient en majeure partie le 30 août suivant, comme nous le verrons plus tard, faire retour à la brigade Lapasset [1].

Le 13 août au soir arriva enfin au 2e corps l'ordre de se préparer à commencer la retraite sur Verdun le lendemain matin. Les bagages devaient être mis en route dès la première heure. L'infanterie du corps d'armée, diminuée de la division Laveaucoupet, qui, très éprouvée à Spickeren, restait dans les forts de Metz, devait suivre l'itinéraire ci-dessous. Elle devait prendre à Magny la route de Nomeny à Metz, passer la Seille au pont qui

---

[1] Les éléments du bataillon de marche firent, à Metz, le service de la place et des forts. C'est ainsi que le détachement du 49e fit partie d'un bataillon de garnison au fort Moselle jusqu'au 20 août.

se trouve immédiatement au nord de la ligne de Sarrebrück, traverser à gauche le faubourg du Sablon, franchir en plusieurs colonnes les deux bras de la Moselle qui enserrent l'île Saint-Symphorien en se servant des ponts de bateaux et, une fois parvenue à Longeville, s'engager sur la route de Gravelotte. Afin de parer aux encombrements et aux retards et pour éviter la rupture des ponts de bateaux établis très légèrement, la cavalerie et la plus grande partie de l'artillerie suivraient les chemins à l'est de la Seille et la franchiraient sur deux ponts de chevalets au nord du fort Queuleu, puis gagneraient Metz et traverseraient la Moselle sur les ponts de l'intérieur de la ville.

14 août. — Le 14 au matin le mouvement du 2ᵉ corps, retardé par une crue de la Moselle qui avait compromis les ponts, ne commença qu'à 11 heures. La division Bataille prit la tête de la colonne; la division Vergé s'ébranla à sa suite, et toutes deux, après avoir suivi l'itinéraire prescrit, vinrent camper au nord de la route de Verdun sur le versant sud du mont Saint-Quentin à l'ouest de Sey.

La brigade Lapasset devait couvrir le mouvement rétrograde du 2ᵉ corps. L'heure du départ avait été fixé à 10 heures; le 97ᵉ formerait tête de colonne; quant au 2ᵉ bataillon du 84ᵉ, placé, nous l'avons vu, aux avant-postes, en avant de Mercy, il masquerait le plus longtemps possible la retraite de la brigade et marcherait à l'extrême arrière-garde.

Par suite du retard apporté au départ du 2ᵉ corps, la brigade mixte ne put se mettre en marche qu'à une heure de l'après-midi. Voulant éviter d'allonger considérablement sa route en passant par Magny et surtout de faire une marche de flanc devant l'ennemi elle gagna la route de Strasbourg à Metz et vint passer la Seille sur les ponts de chevalets établis à hauteur de Queuleu, destinés, on le sait, à la cavalerie et à l'artillerie. Elle accomplit son passage à la suite de la division de cavalerie Valabrègue (qui, elle, se dirigea sur Metz), fit une halte dans les prairies situées entre la rivière et le Sablon, traversa cette localité et suivit, dès lors, le même chemin que le 2ᵉ corps. Pendant cette marche, la canonnade s'était fait entendre : c'était la bataille de Borny qui commençait; le 2ᵉ corps reçut l'ordre de ne pas interrompre son mouvement.

Le 2e bataillon du 84e, chargé de masquer la marche de la brigade mixte, avait reçu l'ordre de ne battre en retraite que lorsque Mercy aurait été évacué. Il ne commença donc sa retraite que vers 1 h. 1/2 du soir et l'exécuta par échelons sur Mercy et la route de Strasbourg. Il se produisit alors une erreur d'arrière-garde qui eut pour cause l'extrême encombrement qui régnait sur la route. Le bataillon d'arrière-garde, en effet, qui avait perdu ses communications avec le gros de la brigade, se dirigea sur Metz, au lieu de tourner à gauche sur Queuleu, et franchit la Seille au pont des remparts. Il passa ensuite le premier bras de la Moselle au sud de la citadelle et, après avoir traversé l'île Saint-Symphorien, rejoignit son régiment aux ponts de Longeville.

Il fait nuit quand la brigade Lapasset débouche de Longeville où est installé le quartier général de l'empereur. Pour franchir les 12 à 13 kilomètres qui séparent cette localité de Mercy-le-Haut, on a mis plus de six heures, tant est grand l'encombrement. Au delà, la marche devient encore plus pénible et lente sur cette route de Gravelotte, unique voie d'écoulement choisie pour toute l'armée. Après avoir traversé Moulins-lès-Metz au milieu d'une extrême confusion de trains, de bagages, de cavalerie et d'artillerie, la brigade mixte arrive enfin à l'étape, à 10 heures du soir. Elle établit son bivouac entre Rozérieulles et Sainte-Ruffine, contre la route et au sud de celle-ci.

Le régiment de cavalerie de la brigade, le 3e lanciers, avait suivi durant cette journée la division Valebrègue, du 2e corps, et avait campé auprès d'elle à l'ouest de l'auberge de Saint-Hubert, sur la rive gauche de la Mance. Il devait, le lendemain, rejoindre sa brigade à Rezonville.

Derrière le 2e corps, le 6e s'engageait également sur la route de Verdun.

Il semble que les Allemands ne se soient rendu compte qu'assez tard de la retraite sur Longeville opérée par le 2e corps et la brigade Lapasset. Si l'on s'en rapporte à la Relation de l'État-Major allemand[1], nous y voyons, en effet, que des patrouilles envoyées vers 1 heure du soir par la VIe division de

---

[1] *Relation de l'État-Major allemand*, t. I, p. 444.

cavalerie avaient rendu compte que les camps de Peltre et Mercy-le-Haut « étaient dans le même état que la veille ». La Ire division de cavalerie constatait, de son côté, que des troupes de toutes armes quittaient Mercy à 2 heures[1]. Ce n'est que vers 4 heures du soir que les Allemands se rendirent nettement compte du départ du 2e corps ; mais ils crurent qu'il avait été motivé par la bataille de Borny qui venait de s'engager. « Vers 4 heures, dit la Relation, le *15e* régiment de uhlans et un escadron du *6e* régiment de cuirassiers (VIe division) poussent une reconnaissance, par Fleury, jusqu'au delà du chemin de fer. L'ennemi n'était plus à Peltre, à Mercy et dans les ouvrages voisins ; d'après des traces encore visibles, il devait s'être porté dans la direction de la canonnade dont la violence allait en croissant[2] ».

15 août. — Le 15 au matin, les 2e et 6e corps reprirent leur marche vers Gravelotte, pour s'engager ensuite sur la route de Mars-la-Tour. Ils devaient camper aux alentours de ce village. Mais, les 3e et 4e corps qui, à partir de Gravelotte, devaient prendre la route du nord par Conflans, avaient été considérablement retardés par le combat de la veille. Les 2e et 6e corps reçurent l'ordre de ne pas trop gagner de l'avant et de camper à Rezonville.

Le 2e corps vint bivouaquer près du village ; la division Bataille, à 1500 mètres en avant, la droite à la route ; la division Vergé, un peu plus en arrière et parallèlement à la première, tenait par ses grand'gardes une ligne approximative allant de Flavigny à la corne nord du bois de Vionville. Le 6e corps, lui, campait au Nord, entre Rezonville et le bois de Saint-Marcel.

La brigade Lapasset avait levé son camp de Sainte-Ruffine à 4 heures du matin et s'était engagée à la suite du 2e corps sur la route où ne cessait de régner la plus grande confusion. Elle prit à midi ses dispositions de bivouac à l'est de Rezonville, sur la croupe qui s'étend perpendiculairement à la route entre le chemin et le ravin de Gorze. Elle poussa ses grand'gardes jusqu'à la

---

[1] *Relation de l'État-Major allemand*, t. I, p. 449.
[2] *Idem*, t. I, p. 444.

lisière du bois de Saint-Arnould, observant ainsi le débouché du ravin.

Dans l'après-midi, il y eut une courte alerte produite par le bruit de la canonnade entendue vers Mars-la-Tour.

Nous reviendrons plus en détail, avant de retracer le rôle pris par la brigade Lapasset à la bataille de Rezonville, sur la description du terrain occupé par elle, ainsi que sur le dispositif du bivouac.

A l'est de la brigade, la Garde campe sur le plateau de Gravelotte et observe le bois des Ognons et le ravin de la Mance.

Aucun détachement, aucune cavalerie n'éclaire vers le Sud d'où pourtant doit venir le danger. Les avant-postes ne sont même pas pris régulièrement de ce côté. On se borne à détacher quelques grand'gardes à la lisière des bois. On ne possède aucun renseignement précis sur les mouvements des Allemands.

Des détachements de la VIᵉ division de cavalerie placés sur la rive droite de la Moselle, vers Frescaty et Montigny, avaient, dans la journée, canonné nos troupes en marche. Des cavaliers avaient été signalés dans le bois des Ognons, et le maire de Gorze faisait prévenir que des milliers d'Allemands s'engageaient dans le ravin de Gorze.

En réalité, voici ce qui se passait dans les corps allemands dont le 2ᵉ corps et la brigade Lapasset eurent, le lendemain, à supporter les efforts.

La Vᵉ division de cavalerie, qui avait, dès le matin, passé la Moselle, se tenait à Mars-la-Tour et surveillait nos positions jusqu'à Flavigny. Le IIIᵉ corps, placé à l'aile droite de la IIᵉ armée et qui avait atteint la Seille, reçut dans l'après-midi l'ordre de hâter sa marche et, dans la soirée, franchit la Moselle, la 5ᵉ division à Novéant, la 6ᵉ à Champey. Le commandant de la 5ᵉ division envoyait aussitôt des détachements, composés chacun d'un bataillon et d'un escadron, à Dornot et à Gorze. Quant au gros de la division, elle campa à Pagny et à Arnaville. Elle devait être, le lendemain matin, rejointe par la VIᵉ division de cavalerie. Le VIIIᵉ corps, de la Iʳᵉ armée, de son côté, recevait l'ordre de se porter sur Corny et d'y jeter des ponts.

Le IXᵉ corps, placé en deuxième ligne, derrière le IIIᵉ, s'arrêtait sur la Seille, à Verny.

IV.

BATAILLE DE REZONVILLE.

(16 août).

Le terrain sur lequel lutta la brigade Lapasset pendant la journée du 16 est, dans ses grandes lignes, circonscrit au Nord par la grande route de Verdun, entre Rezonville et Gravelotte ; à l'Est, par le chemin de Gravelotte à Ars et le ravin de la Mance ; au Sud, par la route d'Ars à Gorze ; à l'Ouest, enfin, par le chemin de Gorze à Flavigny.

Ce terrain est profondément découpé du Nord au Sud par trois grands sillons parallèles : à l'Est, par le ravin de la Mance ; à l'Ouest, par les deux ravins de Gorze, dont l'un passe à Rezonville. Ces deux derniers se réunissent à l'est de Gorze pour se diriger ensuite vers la Moselle. Ils enserrent entre eux une longue et étroite croupe dont l'épaisseur maximum est de 1,000 mètres, épaisseur qu'elle n'atteint qu'immédiatement au sud de Rezonville. Cette croupe projette au-dessus de Gorze la côte Mousa, mamelon dominant le nœud des routes se dirigeant sur Ars, Rezonville, Flavigny et Buxières. C'est plus particulière ment entre ces deux vallons que se limita l'action de la brigade Lapasset.

Toute cette région est couverte de grands bois, aux taillis épais et assez difficilement praticables ; ces bois, qui portent des noms divers, bien qu'il n'y ait souvent entre eux aucune solution de continuité bien marquée, recouvrent tout le versant ouest de la Moselle. Le bois des Ognons, qui s'avance jusqu'à 1600 mètres de la grand'route, s'étend entre les ravins de la Mance et ceux de Gorze. Entre ces deux derniers et débordant légèrement à l'Ouest, s'étend le bois de Saint-Arnould, traversé par le chemin de Gorze à Rezonville. Enfin, au delà du ravin Gorze—Rezonville se trouvaient les petits bois de Vionville et des Prêtres.

Il est à remarquer que tout ce pays boisé, quoique difficile ment pénétrable, n'était pas, sur bien des points, un obstacle sérieux, par suite de l'aptitude qu'a toujours montrée l'infanterie allemande au combat sous bois et qu'il était traversé par quelques bons chemins. Enfin, circonstance qui augmentait les chances de l'attaque, la lisière ouest du bois des Ognons formait équerre avec la lisière nord du bois de Saint-Arnould.

La brigade mixte, nous l'avons vu, bivouaquait le 15 sur la croupe entre les deux ravins de Gorze. « La brigade Lapasset, dit le général Frossard dans son Rapport sur les opérations du 2e corps [1], faisant face à gauche et en arrière, place sa droite sur les hauteurs qui dominent le débouché du vallon de Gorze et sa gauche à Rezonville, pouvant ainsi observer les grands bois de Saint-Arnould et des Ognons, qui entourent ce débouché. » Le 84e était en première ligne, le 97e en deuxième ; la compagnie de chasseurs et la batterie à la gauche du 84e ; le 3e lanciers à la gauche du 97e.

Derrière la brigade, entre elle et le ravin de Rezonville, la réserve d'artillerie s'était établie au bivouac. Pour protéger le flanc droit de la brigade, le 84e avait envoyé, non loin de la lisière, deux grand'gardes fortes d'une compagnie occuper chacune le débouché d'un des ravins.

Ainsi, alors que les divisions Bataille et Vergé, campées, nous l'avons vu, parallèlement à la brigade mixte, tournaient leur front vers l'Ouest, cette dernière faisait face à l'Est, à Metz. Malgré l'insuffisance des renseignements, il était évident que l'attaque viendrait du Sud : les grand'gardes avaient été envoyées de ce côté ; on ne s'explique donc pas quels étaient les avantages du dispositif de campement adopté.

16 août. — Quoi qu'il en soit, le 15, dans la soirée, Bazaine avait envoyé aux troupes placées sous ses ordres l'ordre de se tenir prêtes à partir le lendemain à 4 h. 1/2. Il les prévenait, en outre, qu'elles devaient s'attendre à être attaquées d'un moment à l'autre. Mais, le 16 au matin, prétextant encore du retard des 3e et 4e corps, le maréchal fit surseoir au départ et annonça qu'on se mettrait en marche probablement dans l'après-midi.

Dans la brigade Lapasset, les troupes, comme celles du 2e corps, avaient réinstallé leur campement sur les mêmes posi-

---

[1] Page 81.

tions que la veille. « A 8 heures du matin, le général Lapasset réunit tous les officiers de la brigade mixte et leur fait part de la présence de l'ennemi. Dans une allocution chaleureuse, inspirée par les plus beaux sentiments, il fait passer dans le cœur de tous la passion qui l'anime. Puis, indiquant les dispositions de combat, il rappelle à chaque arme le rôle qui lui incombe [1]. »

Premier moment (de 9 heures du matin à 3 heures du soir). — A 9 heures du matin, tandis que les hommes mangeaient la soupe, des coups de feu retentirent à la lisière du bois de Saint-Arnould. C'était la grand'garde du 84e placée au débouché du ravin Gorze—Rezonville qui engageait le feu avec une troupe ennemie dont on ne pouvait apprécier la force et qui essayait de sortir du bois.

On se rappelle que, dans la nuit du 15 au 16, la 5e division allemande, parvenue à Novéant, avait fait occuper Gorze par un détachement. Le 16, à 5 heures du matin, cette division leva son camp et, précédée de la VIe division de cavalerie, se dirigea par Gorze sur Flavigny et Vionville, tandis que la 6e division d'infanterie, prenant par Onville et Buxières, marchait sur Mars-la-Tour. La 5e division laissait en réserve à Gorze 2 compagnies des Grenadiers du Corps sur la côte Mousa et 2 autres à l'ermitage Saint-Thiébault. Un bataillon du même régiment restait également à Dornot. Vers 8 h. 1/2, les compagnies laissées à la côte Mousa reçurent l'ordre de se porter directement sur Rezonville à travers le bois de Saint-Arnould. Elles allaient en déboucher, lorsqu'elles se heurtèrent à une grand'garde de la brigade Lapasset.

Dès les premiers coups de feu, celle-ci prend rapidement les armes. Le 84e régiment, le plus rapproché des bois, est chargé de faire face à l'attaque. En conséquence, après avoir fait un changement de direction à droite pour se placer face au Sud, il dispose ses bataillons de la manière suivante: le 1er bataillon qui forme la droite de la ligne et le 3e moins une compagnie se déploient sous les ordres du colonel Benoît entre les deux ravins de Gorze pour soutenir les grand'gardes ; le 2e bataillon

---

[1] *Historique du 84e.*

et une compagnie du 3e se portent, sous les ordres du lieutenant-colonel Charmes, dans le bois des Ognons, que l'ennemi n'occupe pas encore, et se placent à peu près parallèlement au ravin, de façon à former presqu'un angle droit avec le reste du régiment.

La batterie d'artillerie de la brigade (capitaine Dulon), soutenue par la 2e compagnie du 14e chasseurs, se porte sur une éminence (cote 308) et canonne les Allemands, qui essaient en vain de déboucher du bois. Le général Frossard envoie bientôt, pour soutenir cette artillerie, deux batteries de 4 de la réserve du 2e corps (6e et 10e batteries du 15e d'artillerie), sous les ordres du commandant de Germay[1].

Le 97e, après s'être conformé aux mouvements du 84e, place ses 1er et 2e bataillons en deuxième ligne, parallèlement à la première, au sud-est de Rezonville. Le 3e bataillon de ce régiment est placé en réserve derrière le 84e.

Quant au 3e lanciers, il se porta vers Rezonville.

En plaçant sa deuxième ligne aux abords de ce village, le général Lapasset était, comme il l'explique dans son rapport au général Frossard, en mesure de soutenir soit les troupes placées en face du bois de Saint-Arnould, soit celles qui défendaient Flavigny[2]. Et, en effet, les 1er et 2e bataillons du 97e furent bientôt envoyés comme soutien de l'artillerie au sud-est de Rezonville. Quant au 3e lanciers, il fut employé par le général Frossard dans des circonstances que nous relaterons plus loin.

A droite, la brigade mixte s'appuyait à la brigade Jollivet (2e de la division Vergé), qui s'était établie un peu en avant, vers le bois de Vionville, en retour d'équerre par rapport au reste du 2e corps. Cette brigade, fortement engagée avec la 9e brigade de la 5e division allemande, en butte au tir d'une grande batterie installée au nord-est du bois de Gaumont, avait dû céder la lisière sud du bois de Vionville, mais empêchait l'ennemi d'aller plus loin.

Enfin, lorsque le 6e corps fut arrivé sur le champ de bataille, la division Levassor-Sorval fut placée en avant de la route de Rezonville—Gravelotte pour soutenir la brigade Lapasset; mais,

---

[1] Général FROSSARD, *Opérations du 2e corps*, p. 96.
[2] Rapport du général Lapasset sur la bataille du 16 août.

par suite des circonstances, elle fut plus tard employée sur un autre théâtre[1].

Après avoir exécuté les mouvements prescrits, les compagnies des 1er et 3e bataillons du 84e prirent une position d'attente dans une petite dépression coupant la croupe perpendiculairement aux ravins, au sud de la Maison-Blanche, ferme sise sur les pentes du plateau. Deux compagnies seulement furent envoyées en avant, à 400 mètres, et se déployèrent en tirailleurs. Le combat traîna ainsi jusque vers 2 heures de l'après-midi, ce qui permit à l'ennemi d'exécuter à la lisière du bois quelques travaux de défense[2].

Les hommes de la brigade mixte, abrités dans le pli de terrain, souffrent peu de la fusillade. Mais les obus envoyés par la batterie allemande placée entre les bois de Tronville et de Vionville font de nombreuses victimes. L'artillerie surtout souffre beaucoup : les deux batteries du 15e d'artillerie sont même obligées de se retirer momentanément. Leur chef, le commandant de Germay, est tué.

Une vigoureuse offensive de notre part, à ce moment, eut certainement refoulé les compagnies allemandes dans le bois et pu compromettre l'action de la 5e division dans le bois de Vionville. Mais il semble que l'on se soit singulièrement exagéré les forces que les Allemands nous opposaient dans le bois de Saint-Arnould et qu'on ait sans raison craint qu'une attaque de flanc ne se produisît par le bois des Ognons.

Les 2 compagnies de Grenadiers du Corps qui, depuis le matin, luttaient sous la direction du commandant de L'Estocq, se voyant devant la « résistance acharnée »[3] du 84e dans l'impossibilité d'avancer, appellent du renfort. Ce sont d'abord les 2 compagnies restées à l'Ermitage-Saint-Thiébault ; puis le bataillon des Fusiliers du même régiment, qui, venu de Dornot par Gorze, se place à la droite des compagnies de l'autre bataillon. Les Alle-

---

[1] Voir BAZAINE, *Journal des opérations de l'armée du Rhin* : « En arrière et parallèlement à la route au delà de laquelle elle s'était avancée, s'établit la division Levassor-Sorval avec mission de soutenir la brigade Lapasset et de surveiller les nombreux ravins qui aboutissent par les bois à Ars et Novéant. »
[2] *Historique du 84e*. La *Relation de l'État-Major* allemand ne fait pas mention de ces travaux.
[3] *Relation de l'État-Major allemand*, t. I, p. 581.

mands, alors en force, essaient de déboucher du bois de Saint-Arnould en débordant la gauche du 3e bataillon du 84e.

Mais les 1er et 3e bataillons du 84e se portent en avant. Leur attaque est appuyée sur la gauche par 3 compagnies du 2e bataillon, qui manœuvrent à travers bois de façon à déborder la droite des Allemands[1]. Les 3 compagnies des 11e, 46e et 86e d'infanterie qui, on s'en souvient, avaient été, au départ de Sarreguemines, rattachées au 3e bataillon du 97e, se portent également en avant en suivant le fond du ravin entre les deux bois. Devant cette énergique démonstration, les 2 bataillons prussiens sont forcés de rentrer sous bois. Ils éprouvent de grandes pertes et voient tous leurs officiers supérieurs mis hors de combat.

Mais les événements qui s'étaient passés sur son flanc droit vinrent compromettre le succès de la brigade Lapasset. Le 2e corps, en effet, après avoir lutté avec acharnement à Vionville et à Flavigny, avait été obligé de battre en retraite sur Rezonville. La brigade Jollivet (76e et 77e) avait résisté plus longtemps dans le bois de Vionville et à la cote 311, et protégé la retraite du 2e corps. Mais, menacée à son tour d'être tournée par sa droite, elle est obligée de se replier sur Rezonville. Un de ses bataillons (1er du 76e) ne peut suivre son mouvement et se rallie à la brigade Lapasset.

Le 84e, ainsi découvert sur son flanc droit pendant sa marche en avant, est pris d'enfilade par les troupes de la 9e brigade d'infanterie prussienne placées sur le versant ouest du ravin de Gorze—Rezonville. Les 1er et 3e bataillons font alors un changement de direction à droite pour se placer parallèlement au ravin et laissent 2 compagnies face au bois de Saint-Arnould. Les 2 bataillons de Grenadiers et Fusiliers du Corps forcent ces deux compagnies à se replier dans un petit bois situé sur le versant ouest du ravin de Gorze, en face du bois des Ognons, et prennent à leur tour en enfilade les lignes des 1er et 3e bataillons du 84e, qui subissent de grandes pertes. Le colonel Benoît est

---

[1] La marche de ces compagnies à travers bois fut des plus difficiles ; elles ne purent aller qu'à une très courte distance. Il y eut même quelques méprises, et les hommes des compagnies restées en place tirèrent sur les premières lorsqu'elles revinrent prendre leurs positions.

blessé et remplacé dans son commandement par le lieutenant-colonel Charmes.

Il se produit alors dans ces deux bataillons un mouvement de désarroi dont l'ennemi profite pour pousser de l'avant et nous refouler vers la cote 308. La position de la brigade menace de devenir critique. Attaqué sur son front et sur son flanc droit, le général Lapasset risque de perdre le terrain où il se maintient depuis le matin. C'est alors que les grenadiers de la Garde entrent en ligne. Il est 3 heures du soir.

Les 1er et 3e bataillons du 97e, placés en deuxième ligne, avaient été, presque dès le début de l'action, envoyés au sud de Rezonville pour servir de soutien à l'artillerie du 2e corps et accompagnèrent les batteries pendant tous leurs mouvements en avant et en arrière. Bien que ne prenant pas une part directe au combat, ces deux bataillons eurent énormément à souffrir du feu de l'artillerie allemande dirigé sur les batteries françaises. Le colonel Copmartin fut blessé, ainsi que le lieutenant-colonel Grandvalet, et le commandement du régiment revint au commandant Doumenjou.

Quant au 3e lanciers, il prit une part glorieuse à l'action. Lorsque, vers 1 heure de l'après-midi, le 2e corps se vit obligé de reculer sur Rezonville, le général Frossard, serré de près par l'ennemi qui s'était déployé en avant de Flavigny, donna l'ordre aux 1er et 2e escadrons du 3e lanciers et aux cuirassiers de la Garde de charger l'infanterie adverse. Les escadrons du 3e lanciers s'ébranlèrent en tête sous le commandement du colonel Torel. Malheureusement, la direction n'ayant pas été donnée d'une façon précise, les carrés allemands furent à peine entamés; les escadrons, s'écoulant dans les intervalles, furent fusillés à bout portant et durent battre en retraite. Les cuirassiers de la Garde, qui venaient derrière, échouèrent également. La VIe division de cavalerie s'élança à la poursuite de nos cavaliers. Il se produisit alors une bagarre où le maréchal Bazaine faillit être fait prisonnier. Il fut dégagé par son escadron d'escorte et par les 3e et 4e escadrons du 3e lanciers.

Deuxième moment (de 3 heures à 7 heures du soir). — A ce moment, d'ailleurs, la Garde s'avançait pour se substituer au 2e corps qui, trop épuisé, allait se mettre en réserve à l'est de

Gravelotte. La brigade Lapasset seule restait sur ses positions. La division Picard, des grenadiers de la Garde, déploya deux de ses régiments, les 1er et 2e grenadiers à l'ouest du ravin Gorze—Rezonville, et le 3e grenadiers entre les deux ravins de Gorze. Ce dernier régiment se porte résolument en avant et refoule dans le bois de Saint-Arnould les 2 bataillons des Grenadiers et Fusiliers du Corps, tandis que le 2e grenadiers reprend aux Allemands la cote 311 et une partie du bois de Vionville. Pendant ce temps, les 1er et 3e bataillons du 84e, laissant seulement en position les 2 compagnies placées sur la gauche dans le petit bois, vont se reformer derrière la cote 308.

Les compagnies du 2e bataillon du même régiment qui, nous l'avons vu, s'étaient portées en avant dans le bois des Ognons en suivant le versant ouest du ravin, avaient dû s'arrêter, la marche devenant impossible par suite de l'épaisseur et de l'impénétrabilité des fourrés qui couvraient toute cette partie du bois. Elles étaient ensuite venues reprendre les positions qu'elles occupaient sur ce même versant depuis le matin ; elles y exécutèrent quelques travaux de défense.

La situation sur ce coin du champ de bataille ne se modifia pas sensiblement jusqu'à 5 heures du soir. L'infanterie ennemie tenait toujours la lisière nord du bois de Saint-Arnould. Épuisée par cette longue lutte, elle avait perdu presque tous ses officiers et allait bientôt se trouver à court de munitions. Heureusement pour elle, d'importants renforts allaient lui arriver.

La *16e* division prussienne (VIII corps), en effet, était parvenue à Gorze à 3 heures et avait immédiatement envoyé une brigade (la *32e*) sur Rezonville, à travers le bois de Saint-Arnould. Cette brigade, composée des *72e* et *40e* régiments d'infanterie, avait lancé dans le bois des Ognons, le long du versant ouest du ravin de Gorze, un bataillon du *72e* pour protéger son flanc droit.

Le *72e* régiment, qui marchait en tête de la brigade, déboucha du bois de Saint-Arnould vers 5 heures du soir et déploya ses deux bataillons de chaque côté de la route de Rezonville. Une vigoureuse offensive de nos grenadiers, appuyés sur leur gauche par les 2 compagnies du 3e bataillon du 84e, met en désordre le régiment allemand et le refoule. Le *40e* d'infanterie, qui venait derrière, essaie à son tour de reprendre l'offensive et occupe un instant la Maison-Blanche. Mais le 3ᵉ grenadiers le rejette dans le bois. Le colonel de Rex, qui commande cette brigade de la 16ᵉ division, fait alors appel à un régiment du IXᵉ corps, le 11ᵉ d'infanterie, qui se trouvait en avant de Gorze, et le prie de venir à son secours. Ce régiment se met immédiatement en marche, sort du bois et réussit, cette fois, à occuper la crête. La situation du 3ᵉ grenadiers devient même très critique (6 h. 1/2).

Mais les 1ᵉʳ et 3ᵉ bataillons du 84ᵉ et le 3ᵉ bataillon du 97ᵉ, qui se sont formés en une colonne d'attaque, reprennent alors l'offensive pour soutenir à leur tour les grenadiers. Ils se portent en avant au pas de charge et « reprennent des positions plus avancées que celles qui venaient d'être quittées[1] ».

Leurs pertes furent assez fortes ; le 97ᵉ eut son porte-drapeau tué. Le général Lapasset fut atteint par une balle qui vint s'écraser sur un bouton de tunique et eut un cheval blessé sous lui.

A ce moment, les 1ᵉʳ et 3ᵉ bataillons du 84ᵉ et le 3ᵉ bataillon du 97ᵉ sont dépassés par les troupes de la brigade Delebecque (51ᵉ et 62ᵉ), de la division Montaudon, envoyée pour rétablir le combat entre les deux ravins. Les 2 bataillons du 84ᵉ et le 3ᵉ bataillon du 97ᵉ vont alors se placer un peu en arrière, à hauteur de la lisière nord du bois des Ognons, et ne prennent plus part à la lutte.

Le 2ᵉ bataillon du 84ᵉ était toujours en position dans le bois des Ognons, où il avait même exécuté quelques travaux de défense. Le bataillon du 72ᵉ allemand qui s'avançait dans ce même bois et formait flanc-garde de la brigade de Rex était venu s'établir, non sans de grandes difficultés de marche, sur la lisière ouest, un peu au sud du bataillon français. En raison de l'impénétrabilité des fourrés dans cette partie du bois, l'action entre les deux bataillons fut très restreinte et se borna à quelques coups de fusil entre patrouilleurs. Mais leurs fractions portées sur la crête tiraient efficacement sur les troupes du parti adverse qui évoluaient sur le versant opposé.

Grâce à l'arrivée de la brigade Delebecque et aux batteries de mitrailleuses placées à la cote 308 par ordre du maréchal

---

[1] Rapport du général Lapasset sur la bataille du 16 août.

Bazaine, les Allemands furent définitivement rejetés dans le bois de Saint-Arnould et se bornèrent, jusqu'à la nuit, à tirailler sur nos troupes.

Les 1er et 3e bataillons du 84e et le 3e bataillon du 97e campent, vers 10 heures à peu près, sur les emplacements qu'ils occupaient à la fin de la bataille au sud-est de Rezonville, à côté de la division Montaudon, du 3e corps. Le 3e lanciers, la batterie et la compagnie de chasseurs étaient venus bivouaquer à côté d'eux. Le 2e bataillon du 84e conserva ses positions dans le bois des Ognons jusqu'à 1 heure du matin et ne rallia le reste du régiment qu'au petit jour.

Quant aux 1er et 2e bataillons du 97e, qui, nous l'avons vu, avaient été placés comme soutien de l'artillerie au sud de Rezonville, ils avaient été, vers 5 heures du soir, forcés de plier sous le feu des batteries allemandes et avaient battu en retraite sur le village. Ils occupèrent Rezonville, concurremment avec le 100e de ligne, de la division Tixier (6e corps), et des fractions d'autres régiments, en particulier avec des voltigeurs de la Garde, et le mirent en état de défense. Ils bivouaquèrent dans le village même et rejoignirent la brigade mixte le lendemain matin.

Dans cette journée du 16 août, les troupes de la brigade Lapasset avaient combattu de 9 heures du matin à 8 heures du soir. Dans son rapport, le général Frossard rendit hommage à l'attitude des 84e et 97e et écrivait : « *La brigade Lapasset a maintenu seule ses positions....* ». Les pertes de cette dernière étaient très élevées et se décomposaient ainsi :

Officiers : Tués, 10 ; blessés, 33 ; disparus, 2.
Troupe : Tués, 92 ; blessés, 623 ; disparus, 241.

V.

LA BRIGADE A ROZÉRIEULLES. — BATAILLE DE SAINT-PRIVAT.
(17 et 18 août 1870.)

17 août. — Le 17 août au matin, sous prétexte de ravitailler l'armée, le maréchal Bazaine la rapprocha de Metz. Elle vint occuper un front de 14 kilomètres allant de Saint-Privat à Sainte-Ruffine, en passant par Amanvilliers.

Le 2ᵉ corps, qui devait former l'aile gauche et assurer la protection de la route de Verdun à Metz, occupait les positions suivantes : la division Vergé, placée à la gauche du 4ᵉ corps, tenait les crêtes du plateau vers le Point-du-Jour, au-dessus de la fraction nord-sud de la grande route de Metz. L'autre division du corps d'armée, commandée par le général Fauvart-Bastoul, — qui remplaçait le général Bataille blessé la veille, — était mise en deuxième ligne, contre la lisière du bois de Chatel-Saint-Germain, à proximité de la voie romaine qui coupe le plateau dans la direction Ouest-Est.

La brigade Lapasset, placée à l'extrême-gauche, bivouaquait sur la crête arrondie du plateau qui domine Rozérieulles, tenant par des détachements les villages de Jussy et de Sainte-Ruffine. Entre cette brigade et la division Vergé, le général Frossard avait massé l'artillerie de cette division et les batteries de 12 de la réserve du corps d'armée. La division de cavalerie de Valabrègue était campée avec la division de Forton dans le ravin de Chatel-Saint-Germain, vers la Maison-Neuve et Moulins. Il ne fallait évidemment pas songer à employer cette cavalerie en grandes masses sur ce terrain particulièrement coupé et accidenté. Mais on aurait pu avec fruit la laisser plus longtemps en avant de nos corps d'armée ; de rares reconnaissances furent seules envoyées.

La brigade mixte Lapasset avait, nous l'avons vu, campé dans la nuit du 16 au 17 sur le champ de bataille, à l'angle nord-ouest du bois des Ognons. Après avoir rallié les fractions du 84ᵉ qui avaient tenu dans le bois des Ognons et les 2 bataillons du 97ᵉ qui occupaient Rezonville, elle se mit en marche vers 4 heures et gagna la grande route à l'ouest de Gravelotte. Elle suivit celle ci, à la suite de la Garde, jusqu'à la hauteur de la ferme du Point-du-Jour, s'engagea sur le chemin de Rozérieulles et vint occuper, vers midi, les hauteurs qui dominent ce village au Nord, sans que sa retraite ait été inquiétée un seul instant. Le 3ᵉ bataillon du 97ᵉ fut envoyé dans l'après-midi occuper Sainte-Ruffine et l'éperon légèrement boisé qui sépare ce village de Jussy ; 3 compagnies du 84ᵉ furent également dirigées en grand'gardes à Jussy et dans le bois qui se trouve à l'ouest de ce village, au sommet de la croupe juste au nord de Vaux. Les deux localités furent mises en état de défense. Telles

étaient, dans leurs grandes lignes, les dispositions prises par le
général Lapasset, qui formait ainsi crochet défensif à la gauche
des lignes françaises. La nuit du 17 au 18 se passa sans inci-
dents.

Trois mouvements de terrain ayant sensiblement la même
direction Ouest-Est accidentent le versant ouest de la Moselle
entre le ravin d'Ars-sur-Moselle au Sud et celui de Chatel-Saint-
Germain au Nord. Le premier, situé entre ce dernier ravin et
celui de Rozérieulles, de forme régulière et arrondie, est découvert dans sa partie méridionale et domine la croupe médiane
sise entre le ravin de Rozérieulles et celui de Vaux. Cette croupe,
qui s'avance en éperon vers Moulins-lès-Metz, porte sur sa ligne
de faîte les villages de Jussy et de Sainte-Ruffine ; ses pentes
tournées vers la Moselle sont garnies de vignes et de bosquets
qui en rendent l'accès assez difficile.

Le troisième mouvement de terrain, entre les ravins de Vaux
et d'Ars, est recouvert par le grand bois de Vaux et permettait
à l'ennemi de dissimuler ses préparatifs. Entre la Moselle et ces
hauteurs, s'étend une plaine large de 1 kilomètre à hauteur de
Sainte-Ruffine et traversée dans le sens Sud-Ouest Nord-Est par
la route d'Ars à Moulins et Longeville.

18 août. — Le 18 au matin, les Ire et IIe armées allemandes
ayant pivoté autour du VIIe corps, établi à Ars et dans le bois
de Vaux, se trouvèrent en face des lignes françaises. L'action
commença par l'attaque des positions de notre 4e corps par le
IXe allemand. Les VIIIe et VIIe corps se portèrent ensuite sur
les fermes de Saint-Hubert et du Point-du-Jour, occupées par
des troupes des 4e et 2e corps, puis sur les hauteurs de Jussy et
Sainte-Ruffine.

Ce fut une brigade du VIIe corps, la 26e[1], commandée par le
général von der Goltz, qui fut chargée d'opérer cette diversion[2]
sur l'extrême gauche française. Outre ses deux régiments d'in-

---

[1] *15e* et *55e* westphaliens.
[2] Certains auteurs désignent à tort la brigade de Rex, du VIIIe corps,
comme ayant été l'adversaire de la brigade Lapasset le 18 août.

fanterie, les *15e* et *55e*, cette brigade avait avec elle une batterie d'artillerie et un escadron de hussards [1].

Le VIIe corps, on le sait, avait passé la Moselle à Corny, le 16, à la suite du VIIIe ; ses détachements étaient venus occuper la lisière nord du bois de Vaux. A son extrême droite, la *13e* division était à Ars-sur-Moselle et tenait par les avant-postes de sa *26e* brigade la lisière des bois à quelques centaines de mètres au sud du village de Vaux et la route d'Ars à Moulins à hauteur de l'île de Vaux.

La bataille avait commencé à 11 heures du matin au centre de la ligne française. Du côté des positions de la brigade Lapasset, à l'aile gauche, aucun engagement sérieux ne se produisit avant 4 heures du soir. Vers 3 heures, une patrouille du 5e chasseurs à cheval, de la division Valabrègue, sous le commandement du lieutenant Dupré, avait rendu compte au général Frossard qu'une forte colonne d'infanterie, estimée à 6,000 hommes, se dirigeait d'Ars-sur-Moselle sur Vaux et Jussy. C'était la *26e* brigade, qui avait reçu du général Steïnmetz l'ordre de se porter d'Ars sur Vaux et d'opérer une diversion sur l'extrême gauche française.

Le général commandant le 2e corps fit alors modifier les positions de la brigade mixte. Les 1er et 2e bataillons du 97e allèrent rejoindre le 3e bataillon à Sainte-Ruffine et aux abords de ce village. Le 84e, moins les 3 compagnies en grand'garde à Jussy, fut placé en réserve dans le bas-fond de Rozérieulles et devait en outre servir de soutien à l'artillerie de la brigade mixte et à celle du 2e corps qui garnissaient les hauteurs au Nord. Quant au 3e lanciers, qui avait campé avec sa brigade, se trouvant inutilement exposé sans pouvoir opérer sur ce terrain exceptionnellement coupé et accidenté, il alla rejoindre la cavalerie du 2e corps dans le ravin de Chatel-Saint-Germain.

Le général von der Goltz, commandant la *26e* brigade, laissant un demi-bataillon (du *15e*) pour garder la gare et le pont du chemin de fer d'Ars, avait décidé d'attaquer Jussy par le Sud avec 3 bataillons et par l'Est avec 2 autres. En conséquence, les 2 bataillons de mousquetaires du *15e* et le bataillon de fusiliers

---

[1] *Relation allemande*, t. II, p. 701.

du *55e* se dirigèrent tous trois sur Vaux, trouvèrent ce village inoccupé et se déployèrent successivement après l'avoir traversé. Les 2 bataillons de mousquetaires du *55e*, après avoir un instant suivi la route d'Ars à Moulins, se rabattirent à l'Ouest et gravirent les pentes à l'est de Jussy. La batterie d'artillerie de la *26e* brigade, suivant les mouvements de celle-ci, se mit en position sur un mamelon isolé à l'est du bois de Vaux.

Un demi-bataillon de fusiliers du *15e* et l'escadron de hussards restaient en réserve au nord d'Ars. Enfin, il faut ajouter à cela que le général Steinmetz avait pris ses dispositions pour que cette diversion sur la gauche française fût, au besoin, appuyée par des troupes du Ier corps, resté sur la rive droite de la Moselle.

Une brigade entière, soutenue par une batterie d'artillerie, allait donc concentrer ses efforts sur Jussy ; les compagnies détachées sur ce point risquaient fort d'être rapidement refoulées. Mais, nous l'avons vu, l'attaque de la *26e* brigade avait été prévue et, lorsque les troupes allemandes débouchèrent de Vaux, elles furent accueillies par le feu nourri des 3 compagnies de grand'garde du 84e, déployées en tirailleurs dans les vergers, les vignes et dans le petit bois situé un peu à l'ouest de Jussy. La compagnie placée dans ce bois risquant de prendre en flanc les bataillons prussiens marchant à l'attaque du village, le général von der Goltz envoya 2 compagnies du *15e* pour l'en déloger. Le déploiement des Allemands était, d'ailleurs, considérablement gêné par le tir concentré de la batterie de la brigade mixte et de l'artillerie du 2e corps placées au nord de Rozérieulles, par le canon du fort Saint-Quentin et même par les obus de quelques batteries de la réserve générale pointées sur l'ordre de Bazaine, que l'attaque de la *26e* brigade sur sa gauche semble avoir vivement préoccupé.

Les 3 compagnies du 84e résistèrent avec énergie sur leurs emplacements, qu'elles disputèrent pied à pied ; délogées une première fois, elles réussirent à les réoccuper par une vigoureuse offensive. Mais les troupes de la *26e* brigade continuant à déboucher de Vaux, la position des compagnies du 84e devenait de plus en plus critique. Le général Lapasset envoya alors, de Sainte-Ruffine, le 2e bataillon du 97e à leur secours. Ce bataillon se présenta en ordre serré et refoula les Allemands par une attaque à la baïonnette ; mais il fut bientôt obligé de reculer lui-même devant des forces supérieures. Jussy fut occupé par l'ennemi après une lutte opiniâtre et « au prix de pertes sérieuses [1] » ; nos tirailleurs résistèrent longtemps dans ce village, ne cédant que verger par verger, maison par maison.

La retraite de nos troupes se fit dans le plus grand ordre et en démasquant les bataillons demeurés à Sainte-Ruffine, qui ouvrirent le feu sur l'ennemi. Les 3 compagnies du 84e rallièrent leur régiment à Rozérieulles, et le 2e bataillon du 97e regagna le village de Sainte-Ruffine, en arrière duquel il fut placé en réserve. Le capitaine Cambard commandait le 2e bataillon du 97e, qui avait résisté avec la plus grande énergie sur la crête boisée qui domine Jussy, pour donner aux compagnies du 84e le temps de se retirer ; il fut tué en défendant ce point important.

Maîtres de Jussy, les Allemands y laissèrent environ la force d'un bataillon composé de compagnies du 15e et du 55e, qui s'y organisèrent défensivement ; puis ils se préparèrent à attaquer Sainte-Ruffine. Les compagnies du 55e qui n'avaient pas pris part à l'attaque de Jussy devaient longer le pied des pentes à l'est du village, s'avancer dans la vallée, en profitant des fossés et de tous les accidents du sol, et prendre l'offensive contre Sainte-Ruffine par le Sud.

Pendant ce temps, le reste de la brigade, partant de Jussy, devait attaquer le village par le Sud-Ouest. La batterie d'artillerie, de son côté, était venue s'établir à 200 mètres au nord de Vaux. Enfin, une batterie légère du Ier corps prenait position sur la rive droite, près de la ferme d'Orly, et canonnait Sainte-Ruffine, dont le clocher et les habitations souffrirent de grands dommages. Il était alors environ 6 heures du soir.

A plusieurs reprises, les Allemands dessinèrent leur mouvement offensif ; mais tous leurs efforts vinrent se briser devant l'énergique attitude des 1er et 3e bataillons du 97e, qui, sous le commandement du chef de bataillon Doumenjou, remplaçant le colonel et le lieutenant-colonel blessés le 16, occupaient la lisière et les abords de Sainte-Ruffine.

---

[1] *Relation allemande*, t. II, p. 704.

Le général von der Goltz n'insista pas et se contenta d'occuper solidement Jussy, d'où ses troupes tiraillèrent sur les nôtres jusqu'à la nuit.

La Relation du Grand-État-Major allemand essaye de pallier l'échec que subit à Sainte-Ruffine la droite prussienne et s'étend avec complaisance sur les motifs pour lesquels le général von der Goltz ne persista pas dans ses intentions.

« Eu égard à sa faiblesse numérique, notamment en artillerie, la *26e* brigade ne pouvait prétendre à un résultat décisif sur cette partie du champ de bataille. Le général von der Goltz, s'inspirant des instructions reçues du commandant en chef, tendait plutôt à faciliter aux troupes prussiennes le débouché du bois de Vaux et à assurer contre Metz les communications de la Ire armée. Les positions enlevées semblaient satisfaire de tout point à cette double exigence ; car, de l'emplacement que l'on occupait sur l'arête du plateau, on se trouvait à la fois en mesure de prendre en flanc une démonstration de l'adversaire contre le bois de Vaux et de faire face dans une situation avantageuse à une attaque se produisant par Moulins-lès-Metz.

« Dans ces conditions, le général s'abstenait donc de pousser plus avant dans la direction de Rozérieulles et de Sainte-Ruffine, qui paraissait, d'ailleurs, fortement gardé [1]. »

La Relation ajoute ensuite, avec raison, que, malgré son échec, la diversion de la *26e* brigade raviva les préoccupations du maréchal Bazaine pour sa gauche et qu'elle lui fit oublier les terribles dangers courus par sa droite.

Il était nuit close quand la fusillade cessa devant Sainte-Ruffine. La brigade Lapasset, ainsi que le 2e corps, campa dans la nuit du 18 au 19 sur ses positions de combat. Ses pertes dans la journée avaient été relativement faibles ; le 97e était de beaucoup le plus éprouvé ; le 84e, placé dans le ravin de Rozérieulles, n'avait que peu souffert des projectiles ennemis.

Au total, on comptait :

---

[1] *Relation allemande*, t. II, p. 795.

Officiers : Tués, 2 ; blessés, 2.

Troupe : Tués, 12 ; blessés, 35 ; disparus, 12 [1].

La *26e* brigade, de son côté, accusait environ 300 hommes mis hors de combat.

19 août. — Le 19, dans la matinée, le 2e corps quitta ses positions et vint camper presque sous les murs de Metz, dans le triangle fort Saint-Quentin, Longeville, Ban-Saint-Martin. Dès la veille, à 6 heures du soir, la division de cavalerie Valabrègue et le 3e lanciers de la brigade mixte, inutilement exposés dans le ravin de Chatel-Saint-Germain, étaient venus s'établir au pied des pentes du mont Saint-Quentin, au sud du Ban-Saint-Martin. L'artillerie du corps d'armée avait quitté ses emplacements à 2 heures du matin. Quant aux divisions d'infanterie, l'une, la division Fauvart-Bastoul, était partie à 4 heures du matin par Chatel-Saint-Germain ; l'autre, la division Vergé, à 5 h. 1/2, en gagnant le ravin par un chemin plus au Sud.

La brigade Lapasset, demeurant comme toujours au poste d'honneur, avait reçu l'ordre de garder ses positions jusqu'à ce que le 2e corps eût achevé sa retraite et de former ensuite l'arrière-garde.

En conséquence, le général Lapasset, n'abandonnant Rozérieulles et Sainte-Ruffine que vers 7 heures du matin, réunit sa brigade dans le ravin de Chatel-Saint-Germain, au sud de Longeau, et se dirigea sur Longeville par Scy. « Le mouvement s'opéra avec ordre et ensemble, et par positions successivement échelonnées, entre lesquelles le gros des troupes défila [2]. »

Le 2e bataillon du 84e, marchant déployé, formait l'extrême arrière-garde. En outre, afin de protéger, le cas échéant, la retraite de la brigade, le général forma, avec 10 volontaires par compagnie du 84e, un peloton qui, sous les ordres du sous-lieutenant Moretti, devait résister à outrance en avant de Rozérieulles. La 2e compagnie du 14e chasseurs devait remplir le même rôle à Sainte-Ruffine. Ces diverses fractions restèrent en

---

[1] Général Frossard, *Rapport sur les opérations du 2e corps*, p. 158.

[2] *Le Général Lapasset*, t. II, p. 140. — « Le général de Grammont, le lendemain de l'affaire, disait au général Lapasset qu'il les avait sauvés d'une perte certaine. »

position pendant une heure et demie après le départ des derniers éléments de la brigade. Elles ne furent inquiétées que par des patrouilles de cavalerie qui se montrèrent au sud de Moulins ; elles rejoignirent la brigade à Longeville après être passées par Sey et avoir longé la voie ferrée.

La brigade Lapasset campa le 19 entre le Ban-Saint-Martin et Longeville, le long du chemin de fer alors en construction de Metz à Verdun et dans les vignes qui s'étendent sur les pentes du mont Saint-Quentin. En avant des positions occupées par le 2e corps, les villages de Longeville, Sey et Chazelles étaient mis en état de défense par le génie.

VI.

LA PÉRIODE D'INVESTISSEMENT.
(19 août au 1er septembre.)

Du 19 au 26 août, l'armée ne modifia pas sensiblement ses positions. Le 3e corps seul passa, le 22, sur la rive droite. La brigade Lapasset resta avec le 2e corps sur les pentes du mont Saint-Quentin, au sud du Ban-Saint-Martin.

Ces sept journées furent employées à reformer les cadres durement éprouvés, surtout dans la journée du 16, à réparer l'armement et l'habillement et à réapprovisionner les unités en vivres et en munitions [1]. En outre, on organisa, le 24, dans chaque brigade du 2e corps, une compagnie de partisans. Celle de la brigade Lapasset était mise sous les ordres du capitaine Marin, du 97e. Le 3e lanciers forma également un peloton d'éclaireurs volontaires sous les ordres du sous-lieutenant Bergasse. D'après

---

[1] Pendant ces journées, par suite de l'agglomération des troupes autour de Metz et du désarroi du service des subsistances les troupes éprouvent de grandes difficultés à se nourrir. Le général Lapasset écrit dans son *Journal de guerre* à la date du 21 août : « Par suite de circonstances imprévues, la ration de pain a été provisoirement réduite de moitié ; de la farine sera distribuée aux troupes pour qu'elles puissent elles-mêmes confectionner un supplément de pain..... Les commandants de compagnie se procureront un peu de levure de bière ou du levain ; des hommes adroits pétriront dans des gamelles ou des pétrins improvisés. Dans les tertres on creusera de petits fours de campagne ; si on le préfère, on pourra confectionner par escouade des galettes que l'on fera cuire en improvisant un petit four avec des gamelles de campement. » (*Le Général Lapasset*, loc. cit., t. II, p. 185.)

les ordres du général Lapasset, ces cavaliers avaient été débarrassés de leur lance et de leurs épaulettes ; leur schapska avait été remplacée par le bonnet de police. Ils avaient été munis du chassepot et des cartouchières d'infanterie. Ces éclaireurs, chargés de fouiller le terrain très en avant de la ligne des sentinelles, rendirent, par la suite, de très grands services.

Sorties des 26 et 31 août.

Les historiens ont flétri comme il le convient l'impéritie et la torpeur de Bazaine qui, restant immobile pendant sept journées, se laissa investir sous Metz sans tenter quoi que ce soit pour rompre le cercle qui l'étreignait. Les Allemands, on le sait, craignant surtout que les Français ne reprissent la route de Verdun, avaient massé près de quatre corps d'armée sur la rive gauche, ne laissant que le 1er corps pour observer la rive droite. Le 2e corps, au Ban-Saint-Martin, avait devant lui le VIIe corps, établi de Frascaty à Jussy, à cheval sur la Moselle, et le VIIIe de Jussy à la ferme de Moscou.

Cependant, devant l'insistance de son entourage [1] et la pression de l'opinion publique, le maréchal Bazaine se décida à tenter une sortie. Toute l'armée devait passer sur la rive droite, enlever aux Allemands le plateau de Sainte-Barbe et se diriger ensuite sur Thionville par Malroy. Le mouvement devait s'exécuter le 26 août. Ce jour-là, le 2e corps se mit en marche à 4 heures du matin. Il avait ordre de franchir la Moselle au Pont-des-Morts. En conséquence, il entra dans Metz par la porte de France et en sortit par la porte des Allemands ; après quoi, il s'engagea sur la route de Sarrelouis pour aller s'établir en deuxième ligne derrière le 3e corps.

Suivant le plan du maréchal Bazaine, les 3e, 4e et 6e corps

---

[1] Le général Lapasset qui, à plusieurs reprises durant le siège, insista auprès du maréchal Bazaine en vue d'une sortie énergique et décisive, alla le trouver dès le 21 août et l'engagea vivement à tenter une sortie vers Thionville, lui conseillant de laisser tous les bagages et convois dans Metz. Le maréchal, tout en le félicitant sur la brillante conduite de ses troupes, se moqua de lui, et, faisant allusion au long séjour que le général avait fait en Algérie lui dit qu'une armée de 100,000 hommes ne se mouvait pas comme un goum. (*Le général Lapasset*, t. II, p. 151.)

devaient être en première ligne sur un front allant de la route de Sarrelouis au sud de Noiseville à Chieulles. La Garde et le 2e corps étaient en deuxième ligne, le dernier débordant l'aile droite du 3e corps vers Colombey.

La brigade mixte Lapasset forma l'avant-garde du 2e corps. L'extrême pointe était formée par le peloton d'éclaireurs volontaires du 3e lanciers; la pointe, par la 2e compagnie du 14e chasseurs. Après avoir traversé Metz et s'être engagée sur la grande route, l'extrême pointe se porta rapidement en avant pour fouiller les villages de Vallières et de Vantoux, ainsi que la ferme de Bellecroix, à l'intersection des routes de Sarrelouis et de Sarrebrück. Le poste ennemi qui occupait ce dernier point se reporta en arrière, poursuivi par les lanciers.

A ce moment, un corps d'infanterie et de cavalerie, appartenant à la 4e brigade prussienne, s'avance de Colombey vers la ferme de Bellecroix avec l'intention de la réoccuper. Mais la compagnie de chasseurs qui s'était portée au pas de course au secours des éclaireurs fait avorter ce mouvement. Il est 9 heures du matin.

La brigade mixte se déploie alors entre la ferme à droite et le ravin Vallières—Vantoux à gauche. Le 1er bataillon du 84e occupe la ferme et ses abords et la met en état de défense.

Les 2e et 3e bataillons du 84e, renforcés par une compagnie du 97e, reçoivent l'ordre d'appuyer à droite et en avant et de déloger l'ennemi du bois de Colombey. Ils se portent alors sur la route de Sarrebrück, puis déboîtent sur la droite afin de se déployer face à ce bois, situé au sud de la route, à 2 kilom. 500 de la ferme de Bellecroix. Après une fusillade assez nourrie, l'ennemi abandonne le bois et le château de Colombey, où était installée une ambulance. Ce fut de ce côté du champ de bataille l'action la plus vive. Nous eûmes un officier tué et six hommes mis hors de combat; ils furent recueillis par l'ambulance de Colombey.

Le 3e lanciers, qui avait été provisoirement adjoint à la division Valabrègue et formait brigade avec le 5e chasseurs à cheval, ne prit que peu de part à la lutte et resta derrière la ferme de Bellecroix.

Cette sortie du 26 août qui eût pu avoir pour nous les résultats les plus complets, était déjà compromise par le peu de soin avec lequel elle avait été préparée. Les directions mal déterminées par l'état-major, les chemins choisis communs à plusieurs corps, amenèrent des encombrements et des retards, si bien qu'à 3 heures du soir toute l'armée n'avait pas franchi les ponts, d'ailleurs insuffisants. Toute la journée les troupes attendirent en vain le signal d'une action générale. On eut l'air, suivant l'expression même du général Lapasset, « d'offrir une bataille qui ne fut pas acceptée[1] ». Un orage d'une extrême violence vint encore dans l'après-midi détremper les champs et les routes et rendre plus pénible cette attente. Enfin, on sait qu'un conseil de guerre, tenu au château de Grimont, par le maréchal Bazaine et les commandants de corps d'armée décida qu'il n'y avait pas lieu de persister dans la tentative de sortie. Les troupes reçurent l'ordre de battre en retraite.

Le 2e corps commença sa marche rétrograde à quatre heures du soir, pour aller camper à Montigny-lès-Metz, entre la route de Nancy et la Moselle. L'ordre de marche était le suivant : réserve d'artillerie, division Fauvart-Bastoul, division Vergé[2], enfin, couvrant ce mouvement, la brigade Lapasset. La brigade mixte, passant par Plantières, vint longer les fortifications au sud de Metz et traversa la Seille sur un pont de pilotis en avant de la porte Mazelle. Après une marche de nuit rendue excessivement pénible par la pluie qui avait détrempé tous les chemins, elle s'installa enfin au bivouac près de Montigny à une heure et demie du matin. Le 3e lanciers qui, avec la division Valabrègue, avait retraversé Metz était venu s'établir au bivouac sur les glacis de la lunette d'Arson, la droite à la route de Nancy.

Les troupes restèrent sur ces emplacements pendant la journée du 27. Dans la soirée du même jour les campements furent modifiés ainsi que suit : la brigade mixte alla établir son bivouac derrière le remblai du chemin de fer au sud de Montigny, appuyant sa droite à la division Fauvart-Bastoul et sa gauche à la division Montaudon (3e corps); elle y demeura jusqu'à la grande

---

[1] *Le Général Lapasset*, t. II, p. 151.
[2] Cette division se trompa de chemin et traversa Metz pour gagner son campement.

sortie du 31 août. Le 3e lanciers vint camper à Montigny même près du petit séminaire.

Le terrain dévolu à la surveillance de la brigade mixte s'étendait entre la route de Cheminot à l'Ouest, le chemin de fer de Sarrebrück et la route de Nomeny à l'Est. Pour occuper ce front très vaste, le général Lapasset envoya 4 compagnies fournies par le 84e au château de la Grange-aux-Ormes et à la ferme Blory, et 4 autres fournies par le 97e à la Grange-Mercier et à la ferme de la Horgne. Ces compagnies se couvrirent par une ligne de sentinelles. Enfin, la batterie d'artillerie de la brigade et son soutien (2e compagnie du 14e chasseurs) vinrent occuper la lunette de la Horgne du Sablon. Ce point, situé à peu près à mi-distance des forts Saint-Privat et Queuleu, barrait la route de Nomeny et surveillait le village de Magny que Bazaine songea même à faire occuper par nos troupes [1].

En face de la brigade mixte, la 28e brigade (VIIe corps) prussienne, cantonnée à Pouilly, établissait ses grand'gardes sur une ligne allant de Magny à Marly et se reliait par des postes de cavalerie à la 27e brigade à Jouy-aux-Arches et à la 2e division à Courcelles-sur-Nied.

Pendant cette période du 27 au 31 août, des coups de main furent exécutés par la brigade mixte contre le village de Magny.

Le 28, au petit jour, le peloton des éclaireurs du 3e lanciers, 2 escadrons du 5e dragons et 5 compagnies du 97e y opérèrent un fourrage. Le coup de main réussit pleinement, et 35 voitures de fourrage furent ramenées au camp.

Le 30 août, une opération du même genre, exécutée par 4 compagnies du 3e bataillon du 97e, fut encore couronnée de succès : 30 voitures cette fois furent enlevées.

A la même date, les 409 réservistes du 49e de ligne qui, du 6 au 13, avaient appartenu au détachement du lieutenant-colonel Charmes, firent retour à la brigade mixte : 200 hommes furent versés dans le 84e et le reste dans le 97e ; les officiers furent placés à la suite au 84e.

---

[1] ROUSSET, *La Guerre franco-allemande*, t. II, p. 388.

Bataille de Noisseville (31 août — 1er septembre).

Le 30 août, dans la soirée, les corps de l'armée de Metz reçurent l'ordre de se tenir prêts à partir le lendemain matin. Une grande sortie devait être tentée vers Thionville. Bazaine avait en effet reçu, par l'entremise d'un courageux émissaire, un pli du général Ducrot lui annonçant que l'armée de Châlons, parvenue sur la Meuse, allait marcher à son secours. La sortie du 31 devait être la conséquence de cette dépêche.

Les instructions qui furent données pour la mise en marche et les positions à occuper furent, à peu de choses près, identiques à celles données pour la sortie du 26 Le 2e corps, mis en deuxième ligne et placé sous les ordres du maréchal Le Bœuf, commandant le 3e corps, devait servir de soutien à ce dernier. La brigade mixte Lapasset, à l'extrême droite de l'armée, devait occuper Colombey et empêcher que nos lignes ne fussent tournées par le Sud.

31 août. — Le 2e corps, laissant en position quelques bataillons pour garder la ligne des avant postes, leva son camp vers 5 h. 1/2 du matin. La brigade Lapasset laissa un bataillon du 97e à la ferme de la Horgne du Sablon.

Le 3e corps avait quitté ses campements du fort Queuleu dès 4 heures du matin et était venu se placer au nord de la route de Sarrebrück, en avant du ravin de Lauvallier, la division Montaudon vers la droite. Afin de protéger son flanc droit cette division avait fait occuper le bois de Borny par le 18e bataillon de chasseurs et Colombey par le 62e de ligne. Les avant-postes prussiens de la 2e division qui occupaient ces points s'étaient repliés vers le château d'Aubigny et Ars Laquenexy.

Le 2e corps de son côté, ayant en tête la division Fauvart-Bastoul, gagna ses positions en traversant la Seille sur le pont de pilotis au sud de la porte Mazelle et en passant par Plantières et la route de Sarrelouis. La division Fauvart-Bastoul se plaça au nord de la ferme de Bellecroix, ayant derrière elle la division Vergé.

Quant à la brigade Lapasset elle alla se placer dans un petit bois de sapins touchant à l'allée du château de Colombey, à mi-chemin entre la route de Sarrebrück et le château et fit face au

Sud-Est. Le 3e lanciers qui, ce jour-là, faisait brigade avec le 4e chasseurs, se rangea à la droite de la brigade. Il était alors 7 h. 1/2 du matin.

Le général Lapasset envoya aussitôt le 2e bataillon du 84e et la compagnie de partisans de la brigade relever le bataillon du 62e qui occupait le bois et le village de Colombey. Quatre des compagnies du 2e bataillon du 84e et la compagnie de partisans (qui fut placée au centre) se déployèrent sur la crête face au château d'Aubigny [1] sur une ligne allant du chemin Colombey—Borny à droite, au ravin de Lauvallier à gauche ; une compagnie occupa le château. Les deux compagnies restantes furent mises en deuxième ligne dans un petit ravin perpendiculaire à celui de Lauvallier, à la lisière nord du bois du Colombey. De leur côté la batterie d'artillerie et son soutien vinrent prendre position sur une éminence à 200 mètres à l'ouest du village.

En face de la brigade-mixte, le *45e* régiment prussien, de la *4e* brigade, occupait Ars-Laquenexy, le château d'Aubigny et Coincy, et se reliait vers le Nord, par des postes de cavalerie, aux troupes de la *1re* division.

Comme dans la journée du 26, les troupes attendirent de longues heures le signal d'une attaque générale : elles formèrent les faisceaux et firent le café. Vers 4 heures, le canon du fort Saint-Julien annonça le commencement des hostilités. A la droite des lignes françaises les divisions Montaudon et Fauvart-Bastoul reçurent l'ordre d'occuper Montoy et Flanville. La division de cavalerie Clérambault, du 3e corps, qui, durant la journée, s'était tenue entre la brigade Lapasset et la ferme de Bellecroix, devait appuyer ce mouvement sur la droite en s'avançant parallèlement à la route de Sarrebrück. La division de cavalerie s'engagea dans le ravin La Planchette—Coincy ; mais, en raison du terrain particulièrement difficile, sa marche fut lente et pénible. De plus, elle fut bientôt arrêtée par le feu des compagnies allemandes occupant Coincy et par celui d'une batterie placée plus à l'Est sur la route de Sarrebrück. Une partie des escadrons mit pied à terre et tenta d'enlever le village. La position de la division de

---

[1] Le château d'Aubigny fut enlevé vers 6 heures du soir par une compagnie du 54e de ligne, de la division Montaudon, qui s'y maintint jusqu'au lendemain matin.

cavalerie, engagée dans un ravin étroit aux pentes couvertes de vignes, était très critique. Aussi le général Clérambault envoya-t-il demander au général Lapasset de vouloir bien le soutenir.

Le 1er bataillon du 84e fut immédiatement dirigé sur Coincy par le chemin de Colombey à Maizery, tandis que le 3e bataillon était posté sur les pentes est du ravin de Colombey pour appuyer au besoin le 1er. Celui-ci, parvenu sur la crête, lança en avant 3 compagnies qui atteignirent le village par le Sud-Ouest. Aidé par 2 compagnies du 18e bataillon de chasseurs envoyées par le général Montaudon et par 2 ou 3 escadrons des 4e et 5e dragons, qui avaient mis pied à terre, le 1er bataillon du 84e réussit à refouler hors du village les Allemands qui se retirèrent vers Marsilly. La division de cavalerie, dégagée, put alors se retirer. Le 1er bataillon du 84e demeura seul dans Coincy et s'y fortifia.

Sur ces entrefaites la nuit était venue. Le général Lapasset, craignant que le bataillon du 84e ne fut trop en l'air à Coincy, village d'ailleurs difficile à défendre, le fit revenir à 2 kilomètres en arrière et camper à l'est de Colombey. Le reste de la brigade bivouaqua sur les positions qu'il occupait dans la soirée du 31 août.

1er septembre. — Le lendemain, dès l'aube, le 1er bataillon du 84e réoccupe Coincy. Quelques tentatives assez molles de la part des Allemands pour ressaisir le village sont repoussées dans la matinée. Mais à ce moment, la 28e brigade prussienne allait entrer en ligne. Elle avait quitté la veille ses campements de Pouilly et couché à Courcelles-sur-Nied. Elle marchait sur Flanville par Ogy et Puche, avec ordre de reprendre aux Français Flanville et Montoy. Une première fois la division Fauvart-Bastoul qui occupait Flanville battit en retraite sur Montoy et de là sur Coincy. Le 1er bataillon du 84e qui occupait ce village fut alors rappelé et vint, concurremment avec le 3e bataillon, couronner les crêtes en avant de Colombey.

Après une tentative pour réoccuper Montoy et Flanville, tentative qui fut infructueuse, la division Fauvart-Bastoul battit définitivement en retraite sur La Planchette et Lauvallier.

La partie était perdue : les troupes reçurent l'ordre de regagner les campements qu'elles avaient quittés la veille au matin.

Le 3e corps, puis le 2e, vers 6 heures du soir, se retirèrent sous la protection des forts.

La brigade Lapasset fut chargée de protéger ce mouvement. Elle exécuta sa retraite avec une méthode et un sang-froid admirables, très lentement et par échelons. Le 2e bataillon du 84e sur la croupe de Colombey et le 3e bataillon du 97e dans le bois de sapins restèrent en position pendant que les trois autres bataillons se retiraient sur Borny ; puis ils battirent en retraite par échelons. Derrière eux, la batterie d'artillerie et son soutien reculaient section par section, couverts à 600 mètres par une ligne de tirailleurs fournie par la 2e compagnie du 14e chasseurs. Enfin, le 3e lanciers marchait en extrême arrière-garde. Des batteries allemandes, placées à la ferme de La Planchette, lancèrent quelques obus ; mais la poursuite de l'ennemi se borna là. Arrivée sous la protection du fort Queuleu, la brigade se rassembla en une seule colonne et gagna ses campements au nord du chemin de fer à Montigny, où elle parvint à 8 heures du soir. Les avant-postes furent aussitôt repris tels qu'ils l'étaient le 30.

Dans les deux journées du 31 août et du 1er septembre, la brigade n'avait eu qu'un officier et une vingtaine d'hommes mis hors de combat, la plupart à la prise de Coincy.

Il est intéressant de connaître les appréciations du général Lapasset au sujet de la sortie du 31 août. Voici ce qu'il en dit dans son *Récit du siège de Metz*[1] : « Au point de vue militaire absolu, il est regrettable que l'attaque des 31 août et 1er septembre n'ait pas réussi ; au point de vue militaire en général et politique, il me paraît au contraire opportun qu'il en ait été ainsi. Si, en effet, le 1er nous étions parvenus à nous faire jour, l'armée se dirigeait sur Thionville et y arrivait au moment même du désastre de Sedan. Elle n'aurait donc pas opéré sa jonction et, réduite à moins de 90,000 combattants par suite des pertes et de la division laissée pour la garde de Metz, elle n'aurait pu que chercher un refuge sous les murs de Thionville. Or, pour la durée de la résistance, mieux valait le camp retranché de Metz. Quant à tenir la campagne ou à se diriger sur Strasbourg pour

---

[1] *Le Général Lapasset*, t. II, p. 154.

en faire lever le siège, ainsi que l'ont soutenu certains esprits, ce n'était pas à tenter dans les conditions d'infériorité numérique existantes. Donc, autant on doit regretter que la tentative du 26 n'ait pas été faite dans des conditions sérieuses de réussite, autant il convient de se féliciter que celle du 1er septembre ait avorté. »

Cette opinion était curieuse à recueillir de la part de celui qui fut, durant toute la durée du siège, un des promoteurs les plus ardents d'une trouée.

VII.

LES CAMPS DE MONTIGNY (26 août-17 septembre), ET DU SABLON (17 septembre-28 octobre).

Après l'échec de la grande sortie du 31 août, il ne fut plus tenté aucun effort pour se livrer passage au travers de l'armée assiégeante. Il y eut bien quelques opérations à grande échelle : à Lauvallier (22 septembre), à Chieulles et Vany (23 septembre), à Peltre (27 septembre), à Lessy (1er octobre), à Ladonchamps (2 et 7 octobre) ; mais elles eurent pour but de ravitailler l'armée et non de pratiquer une trouée. La brigade Lapasset se couvrit de gloire dans l'affaire de Peltre, que nous étudierons dans un chapitre spécial.

Durant deux longs mois, l'armée assiégée va souffrir toutes sortes de privations, sera rationnée, acculée presqu'à la famine, subira un temps « comme jamais on n'en avait vu[1] », couchera dans des tranchées le plus souvent inondées par la pluie, prête à tous les sacrifices.

En ce qui concerne la brigade mixte, l'habileté et la prévoyance de son chef adoucirent pour beaucoup les rigueurs du siège. Il ne peut être question dans cette étude de relater jour par jour les événements qui se produisirent à la brigade en septembre et octobre, ainsi que les mille petites opérations et reconnaissances exécutées tant pour ravitailler les troupes que pour entretenir le moral des hommes.

Nous étudierons donc successivement d'une façon succincte,

---

[1] Expression du général Lapasset dans une lettre à sa femme (*Le Général Lapasset*, t. II, p. 127).

dans ce chapitre, les dispositions de stationnement prises par le général Lapasset, l'organisation des avant-postes de la brigade, les mesures édictées pour sauvegarder l'alimentation, la sécurité et le moral des hommes, et enfin les principaux coups de main et opérations effectuées par les troupes appartenant à la brigade.

1° Stationnement. — Avant-postes.

a) *Description du terrain occupé et surveillé par la brigade mixte.* — Le secteur attribué à la brigade Lapasset depuis le 27 août était, nous l'avons vu, compris entre la ligne du chemin de fer de Sarrebrück jusqu'à Peltre à l'Est et la route de Cheminot à l'Ouest. La ligne de surveillance des grand'gardes était marquée par la portion Est-Ouest du cours de la Seille entre le pont du chemin de fer et le village de Magny d'une part, et le château de la Grange-aux-Ormes de l'autre ; au delà de ce dernier point, elle s'étendait jusqu'à la route de Cheminot. Ce front avait un développement de près de 3 kilomètres.

La gare du chemin de fer de Metz occupe le sommet du triangle formé par la ligne de Sarrebrück, la route de Cheminot et la Seille. Partant de la gare en un faisceau unique, laissant à gauche Le Sablon, sur la route de Nomeny par Magny et, à droite, Montigny, sur celle de Pont-à-Mousson, les voies se dirigent ensuite l'une vers l'Est (Sarrebrück), les autres vers le Sud et l'Ouest (Nancy et Verdun)[1]. Une voie de raccordement, de direction Est-Ouest, les reliait.

L'ensemble de ce terrain formait un plateau peu élevé, qui finissait en pentes douces sur la Moselle et la Seille. Au sud du chemin de fer, il n'y avait que relativement peu d'habitations. Les principales : le château de la Grange-aux-Ormes, la ferme Blory, le château de la Grange-Mercier[2], et la ferme de la Horgne se trouvaient sur les bords de la Seille ou sur le versant nord de sa vallée. Les points les plus importants étaient : la Grange-aux-Ormes, qui commandait la vallée de la Seille du côté de Marly, et la Horgne, où une lunette avait été construite

---

[1] Cette dernière alors en construction.
[2] Dénommé par certains rapports château de la Grange-Lemercier.

en face de Magny et à proximité des ponts sur la Seille, de la route de Nomeny et du chemin de fer de Sarrebrück.

Au sud de la ligne des grand'gardes françaises, les villages d'Augny, à l'ouest de la route de Pont-à-Mousson, de Marly, sur la Seille, et de Pouilly, sur la route de Nomeny, étaient occupés par les Allemands.

Voyons maintenant comment le terrain décrit ci-dessus fut utilisé pour le stationnement des troupes de la brigade mixte et pour l'installation de ses avant-postes.

b). *Campements du gros des troupes.* — 1° *Camp de Montigny.* — Du 26 août au 17 septembre, le gros de l'infanterie de la brigade fut campé au nord du talus de la voie de raccordement au sud de Montigny. Le 84ᵉ occupait le côté ouest, le 97ᵉ le côté est. La compagnie du 14ᵉ chasseurs à pied était venue camper à la droite du 84ᵉ. Les hommes avaient dressé leurs petites tentes contre le talus, assez élevé en cet endroit. Les officiers étaient, pour la plupart, logés dans les baraques du chemin de fer.

Le 3ᵉ lanciers était bivouaqué dans Montigny même, près du séminaire, ainsi que la batterie d'artillerie qui avait quitté la lunette de la Horgne dès que celle-ci avait été armée de pièces de siège.

La brigade resta dans cette position jusqu'au 16 septembre. A cette date, le général Lapasset la trouvant trop exposée en cas de bombardement, la transféra au Sablon.

2° *Camp du Sablon.* — La brigade bivouaqua dans les champs aux abords du Sablon sur quatre lignes parallèles d'un bataillon chacune : 2 bataillons du 84ᵉ en avant, 2 du 97ᵉ derrière, faisant face au Sud[1]. L'artillerie et son soutien campaient au débouché sud du village, au nord du pont de la Horgne. Quant au 3ᵉ lanciers, il avait transporté son camp à l'ouest de la gare, près de la porte Saint-Simphorien.

Afin de protéger les hommes contre le bombardement et les mettre, dans la mesure du possible, à l'abri des intempéries, le général Lapasset fit creuser des tranchées d'un profil particulier.

---

[1] Les deux bataillons restants étaient aux avant-postes. Les bataillons relevés de ce service prenaient au camp la place occupée par ceux qui les remplaçaient.

La masse couvrante avait la hauteur nécessaire pour un tireur debout ; le fossé devait être assez large pour permettre aux hommes de s'y coucher et incliné d'avant en arrière, pour favoriser l'écoulement de l'eau De plus, au lieu de faire dresser les petites tentes auprès des retranchements, comme cela se faisait en général, on fit boutonner les toiles de tentes trois par trois et on les plaça, en guise de toiture. sur des chevrons en bois au-dessus du fossé. Les faisceaux étaient dressés sur le bord opposé à la masse couvrante. Cela, en temps normal, eut donné aux hommes un abri très suffisant ; malheureusement. les pluies qui tombèrent sans interruption pendant le mois d'octobre les inondèrent souvent et en rendirent le séjour très pénible.

Les officiers de la brigade s'étaient presque tous logés dans les maisons du village. La compagnie de partisans à pied et à cheval était cantonnée tout près du logement du général, afin d'être constamment à la disposition de celui-ci.

Les troupes de la brigade mixte restèrent dans le camp du Sablon jusqu'à la capitulation.

c). *Établissement des lignes de défense.* — Trois lignes de défense furent organisées sous la direction du général Dubost, commandant le génie du 2e corps. Voici leur tracé en ce qui concerne le front de la brigade mixte.

1re *ligne.* — A droite, elle partait du fortin de Saint-Privat, ouvrage à peine ébauché au début de l'investissement, auquel on travailla jusqu'à la capitulation et de la ferme Bradin, mise en état de défense. De là, par une ligne de tranchées coupant la route de Cheminot, elle allait rejoindre le château de la Grange-aux-Ormes. Ce dernier, qui s'élevait sur les bords de la Seille, au milieu d'un petit bois, fut mis en complet état de défense. Des tranchées furent élevées face au Sud et à l'Ouest et un blockhaus dressé sur la pelouse. Le lit de la Seille constituait ensuite jusqu'à Magny. la première ligne de défense, dominée au Nord par la ferme Blory et le château de la Grange-Mercier, solidement fortifiés. Le village de Magny, on ne sait pourquoi, n'avait été occupé ni par l'assiégé ni par l'assiégeant[1]. Journellement, les

---

[1] Le 27 août. en faisant part d'un projet d'opérations sur Peltre, le maréchal Bazaine demandait au général Frossard s'il n'y avait pas lieu de faire

uns et les autres y opéraient des fourrages. Ce ne fut que vers le début d'octobre que le général Lapasset le fit occuper d'une façon permanente et mettre en état de défense. Il devint alors le point d'appui de gauche de la 1re ligne.

2e *ligne.* — La 2e ligne partait, vers l'Ouest, de l'ouvrage des ateliers du chemin de fer, au sud de Montigny. Ce fortin était une lunette fermée à la gorge et armée d'une batterie de pièces de 24. De ce point, la ligne de défense, composée de tranchées de 1m.50 de talus, avec des fossés de 2 mètres de large, passait au nord du hameau de Saint-Privat et allait aboutir à la lunette de la Horgne, près de la ferme du même nom, ouvrage défendu par des pièces de siège.

3e *ligne.* — La 3e ligne, enfin, était constituée par la voie du raccordement du chemin de fer elle-même, sur laquelle on avait construit des emplacements pour 5 ou 6 batteries que devaient occuper des pièces de siège, des mitrailleuses et l'artillerie de la brigade mixte (vers la gauche). De plus, afin de mettre les camps complètement à l'abri d'une attaque de vive force, on construisit sur le front de la brigade mixte, entre la 1re ligne et la voie fer-rée quatre tranchées parallèles. Ces tranchées devaient être occupées par des troupes de soutien fournies par le 2e corps.

Tous ces travaux, bien entendu, se firent au jour le jour; ils étaient à peine terminés à la fin de septembre. Tous les jours des corvées étaient commandées pour le terrassement; chacun des régiments de la brigade fournissait 200 travailleurs.

d). *Service des avant postes.* — Le secteur dévolu à la brigade mixte fut divisé en deux portions attribuées chacune à l'un des régiments d'infanterie de la brigade. La portion Ouest avec le château de la Grange-aux-Ormes et la ferme Blory fut affectée au 84e; la partie Est, avec le château de la Grange-Mercier, la ferme et l'ouvrage de la Horgne et, plus tard (après le 7 octobre), le village de Magny, fut surveillée par le 97e. Tout d'abord, on se contenta d'envoyer aux avant-postes 4 compagnies par régi-ment; puis, à partir du 3 septembre on détacha un bataillon entier, qui fut relevé tous les trois jours. Le bataillon suivant

occuper Magny par ses avant-postes. (ROUSSET, *La Guerre franco-allemande*, t. II, page 388.

était de piquet et devait se tenir prêt à se porter sur la ligne des avant-postes à la première alerte.

1° *Secteur Ouest*. — Le bataillon du 84e détaché aux avant-postes occupait avec 5 compagnies la Grange-aux-Ormes et ses dépendances et avec une compagnie la ferme Blory, Le château de la Grange-aux-Ormes, fut, nous l'avons vu, relié par des tranchées, au fortin de Saint-Privat occupé par des troupes de la division Fauvart-Bastoul. Les bâtiments du château avaient été crénelés et on avait creusé des tranchées à la lisière du bois d'ormes qui entourait ce domaine. L'ensemble des retranchements qui faisaient face, au Sud, à Marly et au Sud-Ouest, à la route de Cheminot, figurait un redan qui devait flanquer de ses feux la portion de la ligne de défense entre le château et l'ouvrage de Saint-Privat. Un réduit avait été en outre construit sur la pelouse. Il importait, en effet, de défendre ce point à outrance afin d'interdire à un ennemi venant de Marly l'accès de la vallée. Trois compagnies occupaient nuit et jour les retranchements à la lisière du bois, deux faisant face à Marly, la troisième à la route. Les deux autres étaient en réserve l'une dans une allée du parc, l'autre dans les dépendances du château. Trois petits postes surveillaient en avant le terrain compris entre la grande route et la rivière. A 600 mètres à peine d'eux était établi le poste prussien de la Papeterie.

La ferme Blory, également crénelée, était reliée aux châteaux de la Grange-aux-Ormes et de la Grange-Mercier par une série de tranchées.

2° *Secteur Est*. — Le bataillon du 97e aux avant-postes était ainsi réparti : 2 compagnies au château de la Grange-Mercier, 2 autres à la ferme et à l'ouvrage de la Horgne, les 2 dernières aux ponts, sur la Seille, de la route de Nomeny et du chemin de fer de Sarrebrück.

Le château et la ferme avaient été mis en complet état de défense. Quant aux ponts, ils étaient protégés par un système de retranchements faisant un vaste demi-cercle sur la rive droite de la rivière. Sur leur gauche, les avant-postes du 97e se reliaient à ceux de la division Castagny (3e corps) qui occupaient la Haute-Bévoye.

A la date du 7 octobre le général Frossard, sur les instances du général Lapasset, décida d'occuper d'une façon permanente le village de Magny où nos partisans faisaient chaque jour des reconnaissances ou des fourrages et où ils se rencontraient avec des partis ennemis qui menaçaient d'incendier le village. On fit occuper ce dernier par les 4 compagnies du 97e qui étaient jusque-là placées à la Horgne et aux ponts et par la compagnie de partisans à pied et à cheval de la brigade. Une section du génie aidée par des soldats du 97e travailla activement à entourer le village de tranchées, à créneler les murs et à barricader les issues ; des trous de loup furent creusés pour les sentinelles. Deux compagnies occupèrent la lisière Sud, face au ruisseau Saint-Pierre et à Pouilly, fortement occupé par l'ennemi ; la troisième était placée au château Suby à l'ouest du village, la dernière enfin, bivouaquait en réserve sur la place de l'église. Les quatre compagnies du 97e à Magny devaient être relevées tous les deux jours ; quant à la compagnie de partisans elle devait désormais rester à Magny et en faire le point de départ de ses reconnaissances.

Les quatre compagnies du 97e à la Horgne et aux ponts furent relevées par deux compagnies de la 2e division qui occupèrent la ferme avec une compagnie et demie et détachèrent une section aux ponts [1].

Ce service d'avant-postes qui dura deux mois était comme l'on pense très pénible. En général, dans les deux régiments on avait adopté le système suivant : chaque compagnie bivouaquait sous ses petites tentes en arrière des retranchements. Nuit et jour une section par compagnie, avec un officier, occupait à tour de rôle la tranchée. Les troupes relevées tous les trois jours laissaient leurs tentes dressées et reprenaient au camp l'installation de celles qui étaient venues les remplacer. Dès la mi-octobre, malgré ces tentes, le sol était devenu un vrai cloaque de boue et les troupiers éprouvèrent les plus dures souffrances,

---

[1] Dick de Lonlay, *Français et Allemands*, t. II, p. 570 (d'après le *Journal d'un officier de la brigade Lapasset*, du capitaine Dally). Le lieutenant-colonel Dally, capitaine au 84e en 1870, aujourd'hui décédé, a écrit le *Journal d'un officier de la brigade Lapasset* ; ce journal est demeuré inédit. Le manuscrit en a malheureusement été égaré ; malgré les démarches faites auprès de la famille du lieutenant-colonel Dally, il n'a pas été possible de le retrouver. Dick de Lonlay ayant eu communication de ce journal, y a largement puisé pour tout ce qui concerne la brigade Lapasset et en a textuellement reproduit un certain nombre de passages.

Les officiers mangeaient avec leurs hommes, et, lorsqu'ils n'étaient pas de garde dans la tranchée, logeaient dans les habitations.

e) *Avant-postes allemands en face de la brigade mixte.* — Les troupes qui furent opposées à la brigade mixte changèrent à plusieurs reprises, les corps allemands ayant, en quelque sorte, tendance à appuyer sur leur droite.

Le 27 août, la 28ᵉ brigade (VIIᵉ corps) s'était établie à Pouilly avec un détachement à Marly.

Après la sortie de Servigny-Noisseville (1ᵉʳ septembre) les emplacements furent modifiés : La 31ᵉ brigade (VIIIᵉ corps) vint s'établir à Marly à cheval sur la Seille, ayant derrière elle, à Coin-lès-Cuvry, la 32ᵉ brigade ; la 27ᵉ (VIIᵉ corps) occupa Pouilly ayant derrière elle la 28ᵉ à Pournoy ; la 26ᵉ s'établit autour de Peltre avec la 25ᵉ derrière elle à Mécleuves.

Le 30 septembre, le VIIIᵉ corps ayant encore appuyé à droite pour permettre au IIᵉ corps de s'établir entre la Seille et la Moselle, la 5ᵉ brigade occupa Marly, la 32ᵉ Pouilly et la 31ᵉ Chesny [1].

Les Allemands, on le sait, avaient organisé autour de Metz un système de défense des plus complets; les villages avaient été fortifiés, de nombreuses redoutes et batteries construites.

Entre la route de Cheminot et le chemin de fer de Sarrebrück, la ligne principale de défense passait par Augny, Marly, Pouilly et Chesny. Une batterie avait été installée derrière les crêtes entre Pouilly et Marly; une autre batterie, ainsi qu'une redoute, entre Augny et Marly.

Les petits postes prussiens occupaient une ligne qui partait de la Papeterie, passait par la cote 183 et longeait, au Sud, le ruisseau de Saint-Pierre pour aller rejoindre la ferme de la Basse-Bévoye. Après l'affaire de Peltre, la ligne des postes ennemis fut ramenée au sud de ce village, à l'intersection du chemin de fer et de la route de Château-Salins.

---

[1] Croquis et cartes de la Relation de l'Etat-Major allemand, 1ʳᵉ partie, t. II, 2ᵉ partie, t. I.

2° Alimentation. — Mesures diverses prises pour sauvegarder la sécurité, la santé et le moral des troupes de la brigade mixte.

Parmi les troupes de la malheureuse armée de Metz, la brigade Lapasset fut une de celles qui eut le moins à souffrir Son chef, en effet, avec une prévoyance et une habileté remarquables, avait su conserver parmi elles un ordre rigoureux et une discipline parfaite, augmenter ses ressources à l'aide de petites expéditions et de fourrages et les utiliser avec sagesse. Aussi a-t-il pu dire, dans son *Récit du siège de Metz* [1] que, « grâce à ces précautions, ses troupes éprouvèrent, il est vrai, de grandes privations, mais non des souffrances comme celles qui les avoisinaient; aussi étaient-elles de bonne humeur et enviées ».

a) *Alimentation.* — Dès le 21 août on s'était aperçu que le désordre qui avait présidé au ravitaillement de Metz et de l'armée pouvait avoir les plus graves conséquences; on avait alors commencé le rationnement. Puis, au fur et à mesure que les jours s'écoulaient et que l'espoir de faire une trouée à travers l'assiégeant se perdait, le taux des rations diminua suivant une progression rapide [1]. Voyons quelle fut la situation de la brigade mixte au point de vue de l'alimentation.

Le 21 août, l'armée comptait encore sur 41 journées de pain, à raison de 750 grammes par homme; le 7 septembre, la ration fut réduite à 700 grammes; le 13, à 500. Le 12 octobre, elle était tombée à 300 grammes; après le 18, on ne distribua plus, pendant quelques jours, que 150 grammes de pain, fortement mélangé de son, puis plus rien du tout. Mais le général Lapasset, qui avait eu la précaution de garder par devers lui une certaine quantité du blé enlevé à la Grange-aux-Ormes, à la ferme Blory à la Grange-Mercier et surtout à Magny, put encore faire distribuer, quelques jours après le 20 octobre, 300 grammes de blé par homme et par jour, en remplacement de pain. Il y ajou-

---

[1] *Le Général Lapasset*, t. II, p. 158.

[2] Voici, d'après le rapport du sous-intendant Golliot établi au début de septembre, la situation approximative des subsistances à l'armée de Metz :

Blé, 15 jours; farine, 15 jours; biscuit, 1/2 jour; riz et haricots, 5 jours; sel, 6 jours; sucre, 15 jours; café, 26 jours; vin, 7 jours; eau-de-vie, 8 jours; lard, 12 jours; avoine, 12 jours, à 4 kilog. la ration; viande, 6 jours.

tait encore 50 grammes, en remplacement du riz qui manquait. Avec les 300 grammes de grain, les hommes devaient faire dans les fours de Magny ou dans d'autres, creusés dans des tertres, du pain ou des galettes. Les 50 grammes donnés au lieu de riz devaient être mis dans la soupe.

Pour moudre le blé, les moulins qui existaient au Sablon et à Magny étaient inutilisables par suite de la fermeture des vannes ; aussi les hommes devaient-ils se relayer pour le moudre à l'aide de leurs moulins à café, ce qui donnait une farine à très gros grains. Pour la cuisson du pain, les prescriptions et conseils déjà donnés le 21 août furent renouvelés[1]. Quant au combustible nécessaire, des corvées le récoltaient au bois de la Grange-aux-Ormes et au bois de Peltre.

Pour la viande, la situation ne fut jamais aussi précaire ; seulement, l'administration ayant négligé de faire rentrer sous Metz tous les bestiaux des alentours, la viande de bœuf dut être remplacée en partie, dès le 5 septembre, par de la viande de cheval à raison de 350 grammes. Jusqu'au 11 septembre, on toucha 1/3 de ration de bœuf et 2/3 de cheval, puis après de la viande de cheval seule à raison de 400 grammes. Après le 12 octobre, en même temps qu'on ramenait à 500 grammes la ration de pain, on éleva celle de viande de cheval à 750 grammes[2]. Jusqu'à la capitulation, la viande ne fit jamais défaut, d'autant plus qu'on n'avait aucun intérêt à garder les pauvres bêtes qu'on ne pouvait pas nourrir ; mais, comme leur maigreur était extrême et leur état de santé précaire, leur viande ne constituait qu'un aliment imparfait, peu riche en matières grasses et surtout peu sain.

Parmi les autres aliments, celui dont la privation se fit le plus durement sentir fut le sel. Dès le 21 août, la ration ne fut plus que de 10 grammes ; vers le milieu de septembre, il n'en fut plus fait de distribution à l'armée. On avait trouvé près du fort Bellecroix, à l'usine Sendret, une source d'eau salée ; des corvées furent journellement envoyées pour en prélever ; mais cette eau perdit vite ses propriétés salines.

---

[1] Voir VI, la Période d'investissement.
[2] Rousset, *La Guerre franco-allemande*, t. II, p. 430.
[3] *Le Général Lapasset*, t. II, p. 187.

Les distributions de sucre cessèrent le 14 septembre ; quant au café, on continua à en donner presque jusqu'à la fin du siège ; trois jours l'un, il était remplacé par une distribution d'eau-de-vie.

Le riz, dont la ration était de 30 grammes, ne fut plus donné à la troupe vers la mi-octobre ; nous avons vu que le général Lapasset le remplaça par 50 grammes de blé.

Vers le 14 septembre, sur le rapport des médecins de l'armée, on augmenta de 100 grammes la ration de légumes frais ou secs. D'ailleurs, les hommes essayaient de se procurer eux-mêmes ces comestibles par tous les moyens possibles. Entre les avant-postes de la brigade mixte et ceux de l'ennemi, s'étendaient de grands champs de pommes de terre ; les soldats y allaient journellement en retourner la terre sous l'œil des senti-nelles ennemies qui laissaient faire[1].

Dès le 5 septembre, le tabac se fit rare[2] et l'on n'en distribua pour ainsi dire plus.

Une question sur laquelle le général Lapasset apporta toute son attention fut celle des vivres de réserve. « Les vivres de ré-serve, disait-il, sont notre planche de salut ; que messieurs les officiers en aient bien la conviction. En conséquence, on en pas-sera tous les jours la revue..... » Un jour, à la suite d'une revue qu'il avait passé lui-même de ces vivres de réserve, des souliers et des cartouches, il exprima au 3º lanciers toute sa satisfaction de ce que rien ne manquait. Mais il allait plus loin et, dans un ordre daté du 16 octobre, afin d'empêcher les hommes affamés de déroger à ses ordres, il invitait les capi-taines à reprendre aux soldats leurs petits biscuits, à les faire empaqueter et déposer chez eux, afin de pouvoir les distribuer en cas de besoin[3].

Le 5 octobre, en prévision d'une sortie qui n'eut pas lieu,

---

[1] Dans certains corps d'armée, des relations s'établissaient entre les soldats des deux armées : les Allemands donnaient du pain et du sel, nos hommes de l'eau-de-vie. Le général Lapasset, considérant ces relations comme funestes à l'esprit militaire, les avait complétement interdites. (*Le Général Lapasset*, t. II, p. 190.)

[2] *Historique du 84ᵉ*.

[3] *Le Général Lapasset*, t. II, p. 188.

l'armée reçut quatre jours de vivres de réserve[1]; le 25, on fit reprendre le lard qui avait été distribué au début du mois.

Le général Lapasset montra durant tout le temps du siège une extrême sollicitude pour tout ce qui touchait l'alimentation des hommes. Il leur rappelait les ruses de ses anciens soldats d'Afrique, « qui, n'ayant que du blé, trouvaient cependant le moyen de le moudre et de le convertir en pain pendant la nuit[2] »; il les exhortait constamment dans ses ordres du jour à s'industrier pour se nourrir et complimentait les commandants de compagnies qui avaient su trouver des vivres[3].

Il faisait en outre construire au camp du Sablon de vastes cuisines-chauffoirs où ses pauvres soldats pouvaient s'abriter et se sécher. Il donnait des gratifications à ceux qui avaient le mieux contribué à l'installation de ces cuisines[4]; sa générosité était souvent imitée par les chefs de corps[5].

Malgré toutes ces précautions, les derniers jours du siège furent durs. A la date du 20 octobre, il adressa à ses troupes l'ordre du jour suivant : « Jusqu'à présent, les distributions n'ont pas manqué; jusqu'à présent, s'il y a eu des privations, il n'y a pas eu de souffrances pour mes braves enfants. Il se peut que dans les jours d'épreuve qui nous restent à parcourir il s'en présente quelques-unes; le général fera tout son possible pour les adoucir ou les éviter. Mais il compte sur le bon esprit et sur la discipline de ses soldats pour qu'ils envisagent sans crainte comme sans murmure ces quelques jours de souffrance, qui ne sont rien à côté de ceux de Kléber dans Mayence ou de Masséna dans Gênes[6]. »

Dans les tout derniers jours, pour procurer à ses soldats quelque chose en plus de leurs 750 grammes de viande de cheval, il fit fouiller et retourner les champs; « le sorgho, la minette, les betteraves, tout ce qui était mangeable fut utilisé[7] ».

Alimentation des chevaux. — L'alimentation de la grande

---

[1] *Le Général Lapasset*, t. II, p. 178.
[2] *Ibid.*, t. II, p. 186.
[3] *Ibid.*, t. II, p. 187.
[4] *Ibid.*, t. II, p. 186.
[5] *Historique du 84°.*
[6] *Le Général Lapasset*, t. II, p. 185.
[7] *Ibid.*, t. II, p. 186.

masse de chevaux accumulée sous Metz était encore plus difficile que celle des hommes. Dès le 21 août, le foin manquant fut remplacé par de l'avoine; le 7 septembre, le seigle entra pour 1/5 dans la ration. Puis on employa toutes sortes d'expédients pour nourrir les bêtes; pendant quelques jours après le 11 octobre, on leur donna 5 kilogrammes de blé, puis on leur fit manger des pousses de vigne, des branchages; on alla même, dans certains corps d'armée, jusqu'à essayer, en vain d'ailleurs, de leur propre viande. Aussi la mortalité parmi les chevaux était-elle considérable. Si l'on y ajoute qu'un grand nombre d'entre eux étaient journellement conduits à la boucherie, on conçoit facilement que, le 21 septembre, les régiments étaient réduits à deux escadrons montés [1].

Grâce aux fourrages exécutés par le général Lapasset à Magny et dans les fermes de la ligne d'avant-postes, les chevaux de la brigade subsistèrent assez longtemps en bon état.

Malgré cela, le général écrivait, le 19 octobre, à son chef de partisans qui réclamait quelques bêtes pour remonter des éclaireurs : « Ne comptez plus sur les chevaux; le 3ᵉ lanciers n'en a plus que *trente et un* que le colonel de ce régiment désire conserver, si nous ne sommes pas obligés de les manger [2]. »

Il convient d'ajouter à cette étude de l'alimentation de la brigade mixte que l'adjoint à l'intendance Boulanger, qui était chargé de ce service, mérita, de la part du général, les plus grands éloges pour la façon dont il avait veillé et pourvu à la subsistance de la brigade [3].

b) *Mesures intéressant le bien-être, la santé et le moral des soldats de la brigade mixte.* — La sollicitude du général Lapasset ne s'étendait pas uniquement aux questions d'alimentation, mais aussi à tout ce qui intéressait le bien-être, la santé, la discipline et le moral de ses soldats.

En ce qui concerne l'habillement, il fait établir au Sablon des ateliers de réparation; il prescrit de procurer aux hommes

---

[1] ROUSSET, *La Guerre franco-allemande*, t. II, p. 438.
[2] DICK DE LONLAY, *Français et Allemands*, t. VI, p. 694.
[3] *Le Général Lapasset*, t. II, p. 190.

des chemises, des caleçons, des souliers et, dans le cas où l'approvisionnement du camp serait insuffisant, il n'hésite pas à conseiller de s'adresser à l'industrie civile [1]. Pour s'assurer de l'exécution de ses ordres et de l'entretien des effets, il passe de fréquentes revues (entre autres le 11 septembre, les 22 et 23 octobre).

Malgré la défectuosité des moyens dont il dispose, il donne des ordres afin que ses troupes soient abritées aussi bien que possible. Nous avons vu qu'il avait fait construire des tranchées d'un type spécial, destinées à préserver les hommes contre le bombardement et, en même temps, à les abriter des intempéries ; le modèle en fut, par la suite, adopté par presque tout le 2º corps. A la fin d'octobre, comme le temps était devenu horrible et les tranchées presque inhabitables, il prescrit d'étudier les moyens de cantonner les troupes sans affaiblir la défense, ce qui, étant données les habitudes de l'armée d'alors, est digne de remarque.

Ses ordres du jour sont remplis d'indications concernant les cuisines-chauffoirs, le surélèvement du sol sur lequel reposent les tentes-abris, sur le pavage ou l'empierrement des lignes de faisceaux.

Il rappelle aux officiers qu'ils doivent constamment veiller à l'hygiène et à la propreté de leurs hommes. Souvent il visite à l'improviste les campements pour s'assurer de l'exécution de ces prescriptions.

Grâce à tout cela, l'état sanitaire de la brigade mixte était relativement satisfaisant. On sait qu'au lieu de faire converger tous les malades sur les ambulances ou sur les hôpitaux de Metz, on avait eu la précaution de créer par régiment une infirmerie-hôpital installée dans une maison où tous les hommes avaient un lit, sinon une paillasse. Les infirmeries de la brigade, installées au Sablon, furent dirigées par les sœurs de la Providence. Vers le 5 septembre, en prévision d'une sortie qui n'eut pas lieu, les hôpitaux régimentaires furent momentanément dissous, et les malades furent envoyés dans les ambulances ou dans Metz ; cette mesure fut fatale à plus d'un blessé [2].

Les infirmeries de la brigade furent citées comme les mieux

---

[1] *Le Général Lapasset*, t. II, p. 187.
[2] *Ibid.*, t. II, p. 176 et 178.

installées du 2e corps; le général en témoigna toute sa satisfaction aux médecins [1].

Le général Lapasset ne négligeait aucun moyen pour entretenir dans sa brigade l'esprit de corps et la bonne humeur. Au début du siège (comme d'ailleurs dans presque tous les autres corps), les musiques jouaient tous les jours dans les camps; un peu plus tard, il ordonna qu'elles se feraient entendre alternativement : l'une au camp, l'autre aux infirmeries de la brigade. Chaque jour il parcourait les campements ou les avant-postes, causant aux soldats, donnant à tous l'exemple du calme et du courage [2]. Il agissait sur eux plutôt en faisant appel à leur amour-propre qu'à la crainte des punitions. « A la suite de chaque affaire, dit-il dans un ordre du jour, les commandants de compagnie, d'escadron ou de batterie assembleront leurs hommes; ils reconnaîtront ceux qui se seront le mieux conduits et ceux qui auront abandonné le champ de bataille. La liste m'en sera adressée. Je choisirai parmi les premiers ceux qui seront les plus dignes d'être décorés ou médaillés. Quant aux seconds, ils seront traduits devant les conseils de guerre et leurs noms seront envoyés par mes soins aux maires de leurs communes pour que tous soient instruits de leur lâche conduite [3]. »

Enfin, il savait, par des ordres du jour et des allocutions empreints du plus pur patriotisme, exalter chez ses hommes les vertus militaires. Il estimait qu'il ne devait rien leur cacher des tristesses de l'heure présente, « et cela, disait-il, parce qu'il les croyait capables de supporter le malheur et de se retremper en lui [4] ». C'est ainsi que, lorsque le 12 septembre il apprit le désastre de Sedan, il rassembla les officiers pour les en informer

---

[1] *Le Général Lapasset*, t. II, p. 190.

[2] Le 13 octobre, le général Lapasset accompagnait le général Frossard, qui visitait le poste avancé de Magny. A un instant donné, la grand'rue du village, où se trouvaient les généraux et leur escorte, fut enfilée par le feu d'un poste prussien placé au pont du ruisseau Saint-Pierre.

« Tous les assistants se défilent le long des murailles. Seuls, les deux généraux passent au milieu de la rue avec le plus grand sang-froid : le capitaine Dally fait respectueusement remarquer au général Lapasset que cet acte de témérité est tout à fait inutile. « Vous avez raison, capitaine, répond le brave commandant de la brigade mixte, mais, si je faisais autrement, on pourrait croire que j'ai peur. » (DICK DE LONLAY, *Français et Allemands*, t. VI, p. 631).

[3] *Le Général Lapasset*, t. II, p. 189.

[4] *Ibid.*, t. II, p. 191.

et les charger d'en porter la nouvelle aux·hommes. Lui·même, au défilé de la garde, prononça, à ce sujet, quelques paroles.

Il faut lire dans le *Journal de guerre* du général les ordres du jour qu'il adressait presque journellement à ses troupes pour concevoir l'empire qu'il exerçait sur ses soldats : « Ce fut leur force pendant ces jours de tortures et de deuil [1] ».

3° Les petites opérations exécutées par les troupes de la brigade mixte. — La compagnie de partisans.

Presque journellement de petites opérations avaient lieu sur le front des avant-postes de la brigade mixte; les unes avaient pour but de protéger des fourrages au sec exécutés dans Magny, les autres de reconnaître le front des positions ennemies ou d'appuyer par des démonstrations d'importants fourrages exécutés par d'autres corps. Enfin, dans les derniers temps du siège, alors que le général Lapasset nourrissait l'espoir de pratiquer une trouée, il chargea ses partisans d'en étudier les voies et moyens.

Les partisans à pied et le peloton d'éclaireurs volontaires du 3ᵉ lanciers furent réunis en une compagnie sous le commandement du capitaine Marin, du 97ᵉ, jusqu'au.2 octobre, puis du capitaine Dally, du 84ᵉ, jusqu'à la capitulation. Cette compagnie comprenait 45 hommes du 84ᵉ, 30 du 97ᵉ et 25 du 3ᵉ lanciers. Presque chaque jour ces partisans dépassaient la ligne d'avant-postes et exécutaient de petites reconnaissances. Jusqu'au moment de l'occupation définitive de Magny, ils logèrent au Sablon, près de l'habitation du général Lapasset, afin d'être constamment à sa disposition; puis ils demeurèrent en permanence à Magny jusqu'à la capitulation.

Il ne peut être question de relater ici, tout au long, les multiples opérations d'avant postes qui signalèrent ces deux mois de blocus, opérations que le général Lapasset tenait à exécuter le plus souvent possible, afin d'avoir constamment son monde en haleine. Nous nous bornerons à énumérer rapidement et par ordre chronologique les principales de ces petites opérations.

Le 2 septembre, un bataillon du 97ᵉ reçut l'ordre d'occuper

---

[1] *Le Général Lapasset*, t. II, p. 101.

le château de Mercy-le-Haut, où se trouvait une grand'garde prussienne. Ce bataillon devait aborder la position de front, tandis que le peloton d'éclaireurs du 3ᵉ lanciers se porterait vers le Sud pour couper la retraite aux défenseurs du château. L'opération échoua.

Le lendemain, les éclaireurs du 3ᵉ lanciers chassèrent le poste prussien qui occupait la ferme de la Basse-Bévoye.

Dans la nuit qui suivit, on craignit une attaque de l'ennemi sur la Grange-aux-Ormes. Les bataillons de piquet se tinrent prêts à marcher à la première alerte.

Les 6 et 7 septembre, des fourrages furent exécutés à Magny.

Le 9 septembre, l'ennemi, on le sait, dans l'espoir d'intimider les défenseurs de Metz, bombarda brusquement la ville. Le 2ᵉ bataillon du 84ᵉ et le 1ᵉʳ du 97ᵉ se trouvaient ce jour-là aux avant-postes. Renforcés chacun par 3 compagnies des bataillons de piquet, ils garnirent les tranchées. Le reste de la brigade se mit à l'abri dans les tranchées du chemin de fer. Un homme du 97ᵉ seul fut tué à la Grange-Mercier.

Malgré les fourrages qui y avaient été déjà exécutés, de grandes quantités de bottes de paille, de foin, etc., furent encore signalées dans Magny. Le grand quartier général informé décida de les faire enlever. Pendant plusieurs jours, les 13, 14, 15 et 16 septembre, Magny fut exploré et fouillé. Chaque fois l'opération fut protégée par un demi-bataillon d'un des régiments de la brigade mixte et par ses partisans. L'ennemi n'essaya jamais sérieusement d'inquiéter ces fourrages; ses postes avancés, seuls, tiraillaient sur nos troupes. Les Allemands, de leur côté, d'ailleurs, venaient fréquemment à Magny et menaçaient d'incendier le peu qui restait d'approvisionnements.

Le 23 septembre eut lieu une opération plus importante. Ce jour-là, la division Aymard (4ᵉ du 3ᵉ corps) devait exécuter un important fourrage dans les villages de Chieulles, Vany et Villers-l'Orme, au Nord-Est de la place. Des fractions du 2ᵉ corps vers le Sud et du 6ᵉ corps sur la rive gauche de la Moselle devaient par des démonstrations offensives retenir l'attention de l'ennemi sur divers points.

Dans le 2e corps, la brigade mixte Lapasset fut chargée de faire une démonstration sur Peltre. A cet effet, les 2e et 3e bataillons du 97e, sous les ordres du lieutenant-colonel Bézard, qui remplaçait le colonel Copmartin et le lieutenant-colonel Grandvallet, blessés à Rezonville, se portèrent vers 3 heures du soir à la ferme de la Haute-Bévoye. Les partisans de la brigade les accompagnaient. De son côté, la 2e compagnie du 14e chasseurs allait occuper Magny, de façon à tenir en haleine les troupes allemandes de Pouilly. Le 84e de ligne était consigné dans ses campements du Sablon, prêt à appuyer le 97e.

Les deux bataillons du 97e et les partisans se portent en avant, tandis que le canon du fort Queuleu envoie des obus sur Peltre. Les avant-postes sont refoulés à la Basse-Bévoye et les premières maisons de Peltre occupées presque sans résistance. Les Allemands abandonnèrent le village, se portèrent plus en arrière vers Jury et tiraillèrent sur nos troupes, qui eurent 5 hommes tués et 18 blessés; les Allemands, de leur côté, eurent une quarantaine d'hommes hors de combat. Le 97e rentra au Sablon vers 8 heures du soir.

La 2e compagnie du 14e chasseurs, à Magny, avait été appuyée par la batterie de la Horgne du Sablon, qui avait tiré sur la ferme Saint-Thiébault et sur Pouilly. Du fourrage fut encore enlevé à Magny; il servit à approvisionner la brigade mixte.

Le 27 septembre eut lieu l'importante affaire de Peltre. Nous l'étudierons spécialement dans le chapitre suivant.

Le 3 octobre, la compagnie de partisans se rendit à Magny. Le capitaine Dally, qui la commandait depuis la veille, releva avec précision les emplacements des postes prussiens entre la ferme Saint-Thiébault et Peltre.

Depuis le 3 jusqu'au 7 octobre, comme le général Lapasset hésitait à occuper Magny, qui se trouvait dans un bas-fond, et que, d'autre part, il ne voulait pas voir les Allemands s'y installer, la compagnie de partisans reçut l'ordre d'y aller chaque jour faire une reconnaissance.

Dans la nuit du 7 au 8 octobre, une expédition plus sérieuse eut lieu. Le général Lapasset ayant appris que les Allemands devaient venir en nombre cette nuit-là pour incendier le village, décida de leur tendre une embuscade. Le capitaine Dally prit le commandement d'un détachement fort de 3 compagnies : une des compagnies du 97e de garde aux ponts, une des compagnies de garde à la Horgne du Sablon et enfin la compagnie de partisans. Cette troupe se rendit à Magny au milieu de la nuit et prit les positions suivantes : la compagnie de partisans vers l'Ouest, contre la Seille, au château Suby ; une des compagnies du 97e disposa en tirailleurs deux sections à la lisière sud du village ; l'autre se déploya en partie entre Magny et le chemin de fer. Enfin, la compagnie des francs-tireurs de Frouard, qui était venue inopinément apporter son concours, se tint en réserve sur la place. L'opération était sur le point de réussir, quand la maladresse d'un homme qui tira, alors que l'ordre avait été donné de ne pas faire feu, donna l'éveil à l'ennemi.

A la suite de cette affaire et afin d'éviter de voir les Allemands renouveler leurs tentatives d'incendie ou occuper Magny, le général Lapasset provoqua des ordres de la part du général Frossard pour que ce village fit désormais partie de notre ligne d'avant-postes. A dater du 8 octobre, nous l'avons vu, 4 compagnies du 97e et la compagnie de partisans y demeurèrent en permanence.

A partir de cette époque, les reconnaissances prennent un autre caractère. Le général Lapasset, convaincu que le maréchal Bazaine ne tenterait plus rien pour sortir de Metz, résolut de faire une trouée avec ses seuls moyens. Il chargea le chef de ses partisans d'étudier les directions par où pourrait être exécuté ce projet. Ce fut l'objet des petites reconnaissances qui eurent lieu jusque vers la fin d'octobre. La conclusion en fut, comme nous le verrons plus tard, que le projet du général était difficilement praticable.

VIII.

AFFAIRE DE PELTRE.

(27 septembre 1870.)

L'affaire de Peltre, qui porta à l'apogée le renom dont jouissait la brigade Lapasset dans l'armée de Metz, mérite une étude spéciale. Préparée avec soin, remarquablement exécutée, elle eut, en dehors des quelques bénéfices matériels qu'elle rapporta aux soldats, le grand avantage de leur rendre confiance en eux-mêmes et dans l'avenir.

Le petit village de Peltre s'élève sur les pentes méridionales du ravin formé par le ruisseau de Saint-Pierre, affluent de la Seille. Le chemin de fer de Sarrebrück, qui s'étend parallèlement au ruisseau, le sépare du hameau de Crépy, qui en occupe le thalweg. La route de Château-Salins, qui coupe la voie ferrée à 1 kilomètre à l'est du village, le sépare de Mercy-le-Haut, dont il est distant de 1500 mètres à peine. La distance à vol d'oiseau de Metz à Peltre est d'environ 4 kilomètres; une ligne fictive, tracée de la place à cette localité, passerait par le village et le fort de Queuleu, par les fermes de La Haute et de La Basse-Bévoye, et laisserait sur la crête, vers l'est, entre elle et la route, le Télégraphe de Mercy. Au sud de la voie ferrée et de Crépy, s'étend le grand bois de l'Hôpital, dont quelques parties avaient été mises en état de défense par l'ennemi.

Ce qui faisait l'importance de Peltre, c'est que sa station précédait immédiatement celle de Courcelles-sur-Nied et de Remilly. Ces gares, en effet, avaient été choisies par le grand état-major allemand comme stations têtes d'étapes; c'était là qu'arrivaient les trains chargés de vivres venant d'Allemagne; des approvisionnements y étaient constitués; des troupeaux y étaient également rassemblés. On conçoit donc qu'une opération heureuse sur Peltre eût pu compromettre ces approvisionnements.

Cette partie des lignes allemandes, qui s'étendait entre le bois de l'Hôpital et Ars-Laquenexy, était, vers la fin de septembre, gardée par la 26e brigade d'infanterie (15e et 55e westphaliens), général von der Goltz, qui était ainsi répartie : le 55e en arrière de Peltre et Crépy, qu'il occupait par un bataillon; le 15e en arrière de Mercy-le-Haut, également occupé par un bataillon. Le reste de la *13e* division était sectionné en deux parties : l'une à Mécleuves et Orny, l'autre à Ars-Laquenexy. A gauche, la *26e* brigade s'appuyait à la *27e*, qui occupait Pouilly ; à droite, à la *4e*, qui occupait Colombey.

D'après la Relation allemande : « Mercy-le-Haut et Peltre ne constituaient que des postes détachés qui ne devaient pas être défendus contre une attaque sérieuse. La position principale était située plus au sud, sur la longue croupe d'Orny... » Si Peltre et Mercy ne rentraient pas dans la ligne principale de défense des ennemis, il n'en est pas moins vrai que ces positions étaient très importantes pour eux. Et, ce qui le prouve, c'est le soin avec lequel ils les avaient fortifiées. Si, plus tard, ils reculèrent leur ligne d'avant-postes, ils augmentèrent en revanche considérablement le nombre des troupes qui l'occupèrent. (*31e* et *30e* brigades, entre le bois de l'Hôpital et Ars-Laquenexy, *29e* en réserve à Courcelles).

Dès le 27 août un projet d'opération sur Peltre avait été conçu par le maréchal Bazaine, mais aucune suite n'y fut donnée [1].

Le 23 septembre, nous l'avons vu, une démonstration sur le même village avait été exécutée par deux bataillons de la brigade mixte pour appuyer un fourrage du 3e corps à Chieulles et Vany.

D'autre part, les partisans de la brigade avaient, à maintes reprises poussé des pointes du côté de Peltre et en avaient reconnu les abords avec une certaine précision. Se basant sur les rapports de leur chef, le général Lapasset put se rendre compte que la voie du chemin de fer n'était pas coupée en avant de Peltre ni même au delà [2], et qu'un coup de main sur ce village et Mercy-le-Haut était loin d'être impossible. D'autre part, il avait appris qu'un parc de bestiaux se trouvait à Peltre et que des trains chargés de vivres étaient arrivés en gare de Courcelles. Sur ces données il conçut le projet d'une opération de ravitaillement sur Peltre et, si cela se pouvait, sur Courcelles. Il soumit son plan au maréchal Bazaine.

---

[1] ROUSSET. *La Guerre franco-allemande*, t. II, p. 388.

[2] Un événement vint encore le confirmer dans cette idée. Quatre wagons chargés de vivres pour l'ennemi avaient déraillé et étaient venus tomber presque jusque dans nos avant-postes. (*Le Général Lapasset*, t. II, p. 165.)

A la faveur de la nuit sept bataillons devaient se cacher partie dans le village de Grigy, partie dans la ferme de La Haute-Bévoye ; une batterie d'artillerie, deux mitrailleuses et une compagnie du génie se cacheraient également derrière le fort Queuleu. Pour ne pas éveiller l'attention des Allemands on leur laisserait faire leurs reconnaissances journalières. A 9 heures du matin le fort Queuleu devait donner le signal de l'attaque et la préparer. A la même heure un train sur lequel se serait embarqué un bataillon de chasseurs partirait de la gare de Metz et s'arrêterait devant Peltre ; la troupe, se jetant à bas des wagons, pourrait alors prendre le village à revers. Si l'opération réussissait les vivres et les bestiaux devaient être enlevés de Peltre et Mercy, tandis qu'une locomotive, lancée à toute vapeur, irait à Courcelles, accrocherait un train de vivres et le ramènerait à Metz.

Deux critiques ont été faites à ce plan. Certains auteurs trouvent que l'heure choisie pour l'attaque était bien tardive et que la canonnade de Queuleu, prévenant l'ennemi, lui éviterait la surprise[1]. « Pour réussir, dit le commandant Rousset, il eut fallu, de toute nécessité agir soudainement et dès l'aube. Au lieu de cela, on attendit jusqu'à neuf heures du matin que le fort Queuleu ouvrit le feu et prévint ainsi l'ennemi qu'il allait être attaqué[2] ». A la vérité, sans contester que la surprise eût été plus complète si elle eût été exécutée au petit jour et si le canon du fort eût gardé le silence, il est équitable de reconnaître que ce ne furent pas là les causes qui firent échouer l'opération. Le coup de main ne réussit que partiellement par suite des révélations qu'avait faites aux Allemands le nommé Jacob, qui suivait la brigade mixte depuis Sarreguemines comme marchand de goutte.

Quoi qu'il en soit, le maréchal Bazaine approuva le plan du général Lapasset et donna, le 26 septembre, au général Frossard des ordres pour que son exécution eut lieu sans retard.

---

[1] « A 9 heures du matin, les troupes de la brigade Lapasset..... se mirent en mouvement au signal donné par le canon du fort. C'était un singulier moyen de commencer une surprise, mais enfin il était dans les habitudes de de l'armée. » (*Le Spectateur militaire*, t. XXIII, 1871, p. 438).

[2] Rousset. *La Guerre Franco-allemande.*

Les troupes qui, sous les ordres du général Lapasset, devaient prendre part à l'affaire de Peltre étaient les suivantes :

Les 1er et 2e bataillons du 84e (lieutenant-colonel Doumenjou) [1] ;

Les 1er et 3e bataillons du 97e (lieutenant-colonel Bézard) [2] ;

La compagnie de partisans de la brigade mixte ;

Les 3 bataillons du 90e (colonel de Courcy), qui appartenaient à la division Castagny du 3e corps et qui étaient campés à Queuleu, l'un d'eux détaché aux avant-postes à La Haute-Bévoye ;

Le 12e bataillon de chasseurs à pied (commandant Bonnot de Mably), qui devait s'embarquer dans le train ;

La 7e batterie du 2e d'artillerie ; une section de mitrailleuses de la 9e batterie du 15e d'artillerie ;

La 2e compagnie du 14e chasseurs qui devait servir de soutien à l'artillerie ;

Une compagnie du 3e génie ;

En tout, un effectif de 5,000 à 6,000 hommes environ.

Ajoutons que le 32e de ligne (division Vergé) et le 3e chasseurs à pied devaient se porter à Magny et se tenir prêts à appuyer le général Lapasset. De son côté enfin, le général Castagny devait envoyer un bataillon en réserve à Grigy et tenir tout son monde sous les armes.

Le même jour d'ailleurs des opérations de moindre importance devaient être tentées sur presque tout le front de l'armée : par la division Montaudon à Colombey, par le 6e corps à Woippy et Ladonchamps.

Le 26 septembre vers dix heures du soir le général Lapasset donna ses ordres ; les chefs de corps réunirent ensuite leurs officiers et leur enjoignirent de réveiller leurs hommes à deux heures du matin avec le plus grand silence, en vue d'une expédition dont le but précis et les ordres de détail devaient être donnés ultérieurement.

A 3 heures les troupes se mirent en marche, traversèrent Le Sablon, passèrent la Seille sur un pont de bateaux en avant de

---

[1] Le commandant Doumenjou, du 97e, avait remplacé le lieutenant-colonel Charmes nommé colonel du 73e.

[2] Le 3e bataillon du 84e et le 2e du 97e restaient sur leurs emplacements d'avant-postes.

la redoute du Paté et arrivèrent près du fort Queuleu. Afin d'empêcher que le roulement des voitures et le piétinement des chevaux ne fussent perçus par les postes ennemis, le général Lapasset fit arrêter l'artillerie et son soutien, les partisans à cheval et la compagnie du génie à la gorge du fort Queuleu. L'infanterie de la brigade mixte continua sa route en contournant le fort par les glacis et vint se masser dans des dépendances et le parc de la ferme de La Haute-Bévoye où le 2e bataillon du 90e se trouvait déjà aux avant-postes.

Les 1er et 3e bataillons de ce régiment, quittant également leurs campements de Queuleu, allaient se cacher dans le village de Grigy. A 5 heures du matin toutes les troupes se trouvaient en position, parfaitement masquées, à 500 ou 600 mètres à peine des postes ennemis. Un brouillard assez fort qui se leva un peu plus tard favorisait encore notre entreprise.

Au jour, le général Lapasset réunit au fort Queuleu tous les officiers supérieurs des troupes prenant part à l'action, leur dit quel était son but et fixa par des ordres précis la marche de l'opération : à 9 heures du matin, exactement, montres réglées, le fort Queuleu devait donner le signal de l'attaque en couvrant d'obus Peltre, les tranchées construites par l'ennemi et surtout Mercy-le-Haut afin d'attirer plus particulièrement sur ce point l'attention des Allemands. Cinq bataillons déployés devaient à la même heure se porter en avant, couverts chacun à 400 mètres par un peloton de tirailleurs. A gauche les trois bataillons du 90e pivotant sur l'aile gauche devaient sans retard prononcer une vigoureuse attaque sur la lisière nord-ouest de Mercy, toujours dans le but de concentrer sur ce point l'attention des ennemis. A droite de notre ligne les deux bataillons du 84e devaient se porter en arrière de la crête au nord de Peltre et momentanément engager un combat traînant avec l'adversaire. Les deux bataillons du 97e et l'artillerie, restant en réserve, étaient destinés à combler l'intervalle qui devait fatalement se produire entre le 90e et le 84e.

Lorsque le train portant le 12e bataillon de chasseurs serait arrivé entre Peltre et Crépy les hommes en descendraient, occuperaient le château de Crépy et attaqueraient brusquement le premier des deux villages par le sud. Au même instant, le 84e, faisant un léger changement de direction à droite, s'élancerait sur

Peltre en dévalant des pentes au nord du village, tandis que le 97e et l'artillerie garniraient rapidement l'intervalle.

Quand la position serait occupée, l'ingénieur en chef Dietz, de la compagnie de l'Est, profitant de la voie restée libre, conduirait à toute vapeur une locomotive blindée jusqu'à Courcelles, afin d'y accrocher un train de vivres et de le ramener à Metz. Cette machine devait traîner derrière elle un wagon portant 25 partisans de la division Fauvart-Bastoul, sous le commandement du capitaine Marchand.

Malheureusement ce plan ne put être rigoureusement exécuté. L'espion Jacob, qui avait installé sa cantine dans les ateliers du chemin de fer à Montigny, ayant vu et connu par des indiscrétions, les préparatifs qui s'y faisaient en vue de la sortie, traversa nos lignes durant la nuit du 26 au 27 et vint à Peltre porter la nouvelle aux Allemands [1]. Ceux-ci étaient également mis en éveil par des signaux lumineux qu'ils virent ou crurent voir s'échanger cette même nuit entre Metz et Thionville [2]. Ils prirent immédiatement leurs précautions, renforcèrent leurs postes en avant de Peltre et, ainsi que le confirmèrent les prisonniers faits le lendemain, augmentèrent encore en toute hâte les travaux de défense déjà considérables du village [3]. Enfin la voie ferrée fut aménagée à trois endroits, à 700 ou 800 mètres à l'ouest de la gare de Peltre à l'effet de produire un accident. C'est ainsi que le plus avancé de ces travaux consistait en un relèvement de la voie à l'aide de madriers placés d'un seul côté, qui devaient lui donner un devers considérable et faire dérailler le train ; un peu plus loin, un pont sous lequel passait un chemin de terre avait été miné. Des tranchées avaient, en outre, été creusées le long de la voie ; elles furent immédiatement occupées par des troupes du 55e westphaliens.

Le parc de bestiaux qui se trouvait à Peltre rétrograda sur Courcelles. Dès lors, le but matériel de l'expédition ne pouvait être atteint.

---

[1] L'espion Jacob fut capturé dans Peltre par des soldats du 84e. Il passa au conseil de guerre et fut fusillé quelques jours après.

[2] *Relation de l'État-Major allemand*, 2e partie, t. I, p. 267.

[3] *Le Général Lapasset*, t. II, p. 171.

A 9 heures du matin, le canon du fort Queuleu, dirigé sur Peltre et Mercy, donna le signal de l'attaque. Les cinq bataillons du 90e et du 84e, en ligne de bataille, occupant un front de plus de de 1400 mètres et précédés chacun à 400 mètres par un peloton déployé en tirailleurs, se portèrent en avant. De suite, les deux attaques, celle du 90e sur Mercy et celle du 84e sur Peltre, se dessinèrent nettement.

Les 1er et 3e bataillons du 90e sous le commandement du colonel de Courcy[1], sortant de Grigy, s'avancèrent perpendiculairement à la route de Strasbourg par Château-Salins, la gauche du 1er bataillon appuyée à la route. Le 3e bataillon, à la droite du 1er, était placé au centre ; quant au 2e, débouchant de La Haute-Bévoye, il prenait la droite du 3e. Ainsi formés, les trois bataillons se portèrent rapidement en avant, chassant devant eux les postes ennemis ; puis, arrivés à hauteur du Télégraphe de Mercy, ils pivotèrent brusquement sur l'aile gauche et vinrent se placer parallèlement à la grand'route.

Après un instant de répit, la charge fut sonnée et les 1er et 3e bataillons s'élancèrent à l'assaut du château. Celui-ci avait été formidablement organisé : tous les murs avaient été crénelés, des tranchées avaient été creusées et des abatis avaient été disposés vers le nord-ouest. Le 1er bataillon, à cheval sur la grande allée menant à la route, devait aborder le château de front, tandis que le 3e tenterait de tourner les défenses par la droite tout en se reliant avec l'attaque de front. Quant au 2e bataillon, faisant face au sud-est, il devait surveiller la lisière du bois de Courcelles et poursuivre de ses feux les défenseurs du château en cas de succès.

Le bataillon du 15e westphalien chargé de la défense de Mercy fut à peu près complètement surpris par suite de la rapidité de l'attaque ; mais le château et ses défenses lui permirent néanmoins de tenir pendant un bon quart d'heure. Les 1er et 3e bataillons du 90e engagèrent une lutte difficile ; aidés par la compagnie du 3e génie du capitaine Poulain, qui avait suivi le régiment et qui s'occupait de détruire les obstacles accu-

---

[1] Le colonel de Courcy, bien que promu général la veille, avait tenu à commander son régiment.

mulés par l'ennemi, ils réussirent vers 9 h. 1/2 à occuper le château. Les débris décimés du bataillon allemand se retirèrent dans la direction de Jury sous la protection du gros du *15e* régiment et de la *6e* batterie lourde, qui étaient venus se poster à la lisière nord-ouest du bois de Courcelles.

Le 90e, qui avait eu dans l'action 7 tués et 46 blessés dont 4 officiers, resta sur la position jusqu'à ce que l'opération de Peltre fut terminée. A ce moment, c'est-à-dire vingt minutes après l'enlèvement du château, il quitta ce dernier devenu la proie des flammes et regagna les campements de la 2e division du 3e corps.

Pendant la lutte, le *13e* régiment d'infanterie allemand, le *7e* bataillon de chasseurs et la *6e* batterie légère étaient venus occuper à la droite de la *26e* brigade la position d'Ars-Laquenexy. Mais ces troupes furent bientôt employées contre le général Montaudon, qui exécutait un fourrage à La Grange-aux-Bois et à Colombey.

Voyons maintenant ce qui se passait du côté de Peltre et de Crépy. L'attaque de ces localités devait se faire, nous l'avons vu, de deux côtés à la fois. Le 84e devait attaquer par le nord, le 12e bataillon de chasseurs par le sud. Afin que ces deux mouvements fussent simultanés, il avait été convenu que le 84e attendrait derrière la crête qui se profile entre Peltre et La Basse-Bévoye que le clairon des chasseurs eût donné le signal de l'assaut.

A 9 heures, les 1er et 2e bataillons du 84e s'étaient, en même temps que le 90e, avancés en ligne de bataille précédés d'une ligne de tirailleurs et avaient chassé devant eux le poste ennemi de La Basse-Bévoye. Après avoir exécuté un léger changement de direction à droite, de façon à se placer juste au nord de Peltre, ils étaient venus s'établir à quelques centaines de mètres au sud de La Basse-Bévoye. Les pelotons de tirailleurs embusqués derrière les haies entretenaient avec l'ennemi un combat traînant en attendant l'attaque du bataillon de chasseurs.

Le vide produit par les conversions en sens inverse des 84e et 90e avait été immédiatement comblé. La batterie d'artillerie de la brigade mixte, la section de mitrailleuses et la compagnie du 14e chasseurs, de soutien, étaient venus occuper la position culminante du Télégraphe de Mercy. Un des deux bataillons du 97e était également venu se placer derrière la crête pour établir la liaison entre le 84° et le 90° [1].

Pendant ce temps, deux convois partaient en même temps de la gare de Metz. Le premier comprenait une trentaine de wagons portant le 12° bataillon de chasseurs ; le deuxième ne comportait qu'une locomotive et un wagon blindés conduits par l'ingénieur Dietz lui-même. Chacun d'eux occupait sur la ligne de Sarrebrück l'une des voies montante et descendante. La marche de ces trains avait été préparée et soutenue par l'escadron des éclaireurs volontaires de la division de cavalerie du 2° corps, qui, partant de Magny, avait chassé les postes avancés de l'ennemi en avant de Crépy. Un peu avant d'arriver à ce hameau, M. Dietz s'aperçut du piège que les Allemands avaient tendu et se rendit compte qu'il était impossible d'aller plus loin.

Le 12° bataillon de chasseurs, n'ayant pu débarquer à l'endroit qui lui avait été prescrit et attaquer Peltre et Crépy à revers, s'élança d'abord sur Crépy, dont les ennemis occupaient sérieusement le château ; puis, après s'en être emparé, il se rabattit sur la lisière sud-ouest de Peltre. La charge sonna et les chasseurs grimpèrent les pentes qui mènent au village.

Le 84°, derrière la crête, avait attendu le moment propice pour s'élancer. Mais le bruit de la fusillade ennemie sur la lisière de la localité avait empêché de percevoir le clairon des chasseurs. Après avoir vu les trains vides rétrograder sur Metz et avoir laissé passer le temps qu'il jugeait nécessaire, le lieutenant-colonel Doumenjou donna le signal de l'assaut et les deux bataillons du 84° et celui du 97° dévalèrent sur Peltre à travers les vignes.

Le bataillon ennemi du 55°, sur le point d'être cerné, déjà battu en brèche par l'artillerie de Queuleu et celle de la brigade mixte, battit précipitamment en retraite dans la direction du bois de L'Hôpital, après avoir résisté un instant dans les maisons, l'église et surtout le couvent des sœurs de la Providence. Une de ses compagnies, presque tout entière, fut faite prisonnière [2].

---

[1] La compagnie de partisans de la brigade mixte (capitaine Dally), placée à la gauche du 84°, assurait la liaison entre ce dernier et le bataillon du 97°.

[2] Le sous-lieutenant Vermeil de Conchard, étant entré dans le jardin du couvent, se trouve tout à coup en face d'une trentaine d'hommes de la 11° com-

Une compagnie du 84ᵉ fut envoyée à la gare détruire les appareils télégraphiques, et des dispositions furent prises, pendant que le village était fouillé en vue d'en enlever les vivres, pour parer à un retour offensif de l'ennemi.

Dans cette opération, les deux bataillons du 84ᵉ et le bataillon du 97ᵉ, qui prit part à l'action, eurent en tout hors de combat : 167 hommes et 7 officiers (dont un tué). Les ennemis, de leur côté, d'après les chiffres officiels, avaient perdu 163 hommes hors de combat ou disparus.

Dès le début de l'action les Allemands avaient envoyé un bataillon du 55ᵉ et la 5ᵉ batterie légère garnir la lisière nord du bois de l'Hôpital ; le dernier bataillon du 55ᵉ se déployait un peu en arrière, la droite appuyée à la grande route. Mais, pendant ce temps, les Allemands se mettaient surtout en mesure de garnir leur ligne principale de défense : « les autres fractions de la *13ᵉ* division (*73ᵉ* régiment d'infanterie, deux escadrons de hussards, 5ᵉ batterie lourde) s'étaient formés auprès de l'auberge du Cheval-Rouge ; plus en arrière, d'autres troupes encore se tenaient prêtes à s'engager : la *27ᵉ* brigade, l'artillerie de corps et la *1ʳᵉ* division de cavalerie, sur la grande route, à hauteur de Mécleuves, la *28ᵉ* brigade à Pouilly [1] ». Ajoutons enfin que sur la gauche du VIIᵉ corps, la *15ᵉ* division se tenait prête à marcher.

Dans l'impossibilité matérielle d'accomplir son plan jusqu'au bout, le général Lapasset, après avoir laissé à ses hommes le temps d'enlever, de Peltre et de Crépy, le peu qui y restait d'approvisionnements en vivres, bestiaux et fourrages, donna l'ordre de la retraite. Elle se fit par échelons successifs sans tirer un coup de fusil.

« On emporta bien quelques vivres, dit le commandant Rousset, mais on évacuait des positions telles que Mercy-le-Haut, par exemple, dont la possession au point de vue tactique eût été très utile ultérieurement. C'était pour l'assiégeant un des points

---

pagnie du 55ᵉ commandés par un lieutenant. L'officier français bien qu'il ne fut suivi que de cinq hommes du 84ᵉ eut l'audace de sommer les Allemands de se rendre et réussit par son sang-froid à les faire prisonniers. Le sous-lieutenant de Conchard du 40ᵉ (aujourd'hui colonel du 48ᵉ de ligne) était de ceux qui, séparés de leurs corps à Sarreguemines, avaient été placés à la suite dans les régiments de la brigade Lapasset.

[1] *Relation de l'État-Major allemand*, 2ᵉ partie, t. I, p. 260.

vulnérables et, pour nous, un des plus propres à une sortie. Mais on sait que Bazaine ne voulait pas sortir. »

A 11 h. 1/2 du matin, la brigade mixte était de retour dans ses campements. L'opération, rondement menée, n'avait pas duré plus de trois quarts d'heure. Certes, nos troupes avaient eu au début de l'action une réelle supériorité de nombre; mais si l'on songe que les villages de Mercy-le-Haut, Peltre et Crépy avaient été fortifiés de la façon la plus sérieuse par un ennemi qui s'attendait à être attaqué et qui pouvait compter sur d'importants renforts, on conçoit que le succès tactique si rapide du général Lapasset ait produit sur tous une profonde impression et un grand effet moral. Les Allemands s'imaginèrent avoir eu affaire à des forces énormes [1] et nos soldats, bien que l'opération leur eût peu rapporté au point de vue matériel [2], sûrs de leur propre valeur, reprirent momentanément confiance [3].

L'ennemi, furieux de son échec, se livra à de terribles représailles. Sur l'ordre du prince Frédéric-Charles, commandant l'armée d'investissement, Peltre, Crépy et La Basse-Bévoye furent incendiés afin de prévenir toute tentative de ravitaillement de la part des Français. Les approvisionnements de Pouilly furent mis en sûreté. Enfin, la ligne des avant-postes fut reportée au sud de Peltre et passa désormais par l'intersection du chemin de fer et

---

[1] Les Allemands racontèrent que la retraite de la brigade avait été marquée par de longues traînées de sang. — Une lettre adressée de Courcelles-sur-Nied par un soldat allemand, et qui parut dans la *Gazette d'Elberfeld*, donna les détails suivants sur la sortie du 27 : « La sortie se fit subitement et d'une façon imprévue ; le corps français qui comptait 10,000 hommes se porta sur nos lignes avec un élan énergique, et ce n'est que grâce à la bravoure extraordinaire de nos régiments, 13ᵉ, 15ᵉ, 53ᵉ, 55ᵉ, 73ᵉ et 74ᵉ et du 7ᵉ bataillon de chasseurs que l'ennemi n'a pu atteindre son but. Malheureusement nous n'avons pu empêcher qu'une grande partie des tirailleurs du 55ᵉ de ligne qui s'étaient trop avancés eussent été enveloppés par l'ennemi et faits prisonniers. Les Français s'étaient élancés de derrière les forts en trois divisions avec plusieurs batteries de campagne. »

[2] Les Français s'emparèrent dans Peltre d'une soixantaine de têtes de bétail ainsi que d'une certaine quantité de porcs, lapins et volailles. Les infirmeries de la brigade mixte bénéficièrent du petit butin.

[3] Un officier de l'armée du Rhin, auteur d'une brochure sur le *Combat de Peltre-sous-Metz*, parue tout récemment, et depuis l'achèvement de la présente étude, s'exprime ainsi au sujet du résultat de cette affaire : « Elle montre, dit-il, ce qu'il eut été possible d'obtenir avec les troupes enfermées dans Metz, et combien le maréchal Bazaine a été coupable de n'avoir pas su tirer parti des vaillants officiers et soldats que la Patrie lui avait confiés. »

de la route de Château-Salins [1]. Deux brigades (les *30e* et *31e*) occupèrent le front bois de L'Hôpital—Ars-Laquenexy; une troisième (la *29e*) fut placée en réserve à Courcelles.

IX.

PROJETS DE SORTIE DU GÉNÉRAL LAPASSET. LA CAPITULATION.

Les officiers généraux qui ressentaient douloureusement l'inaction de Bazaine étaient nombreux. Parmi eux, le général Lapasset se distingua par l'ardeur qu'il apporta à espérer jusqu'au dernier jour, qu'un effort décisif viendrait à bout de rompre le cercle de fer qui enserrait l'armée de Metz. Au début du siège il proposa au Maréchal des plans pour une sortie d'ensemble; puis, lorsqu'il fut bien clair pour lui qu'il n'obtiendrait rien de ce côté, il étudia un moyen de se frayer un passage avec sa seule brigade. Il s'en fallut de bien peu qu'il ne mît ses projets à exécution.

Dès le 21 août, pressentant déjà l'exécrable résultat de l'inertie du commandant en chef, il alla le trouver et lui dit toute sa pensée : « J'aurais voulu, dit il dans son *Récit du siège de Metz*, gagner Thionville, y prendre des vivres, appuyer ma droite au pays neutre du Luxembourg, me diriger sur Montmédy, m'y ravitailler encore et, selon les circonstances, marcher sur Sedan et Mézières ou me jeter immédiatement dans l'Argonne; inquiéter l'ennemi, en attendant le moment propice de faire jonction avec l'armée impériale [2]. » Pour arriver à ce résultat il proposa d'emporter seulement trois biscuits par homme, de laisser à Metz les bagages, les convois, et de n'emmener que l'artillerie et les munitions nécessaires. Il conseilla en outre au Maréchal de faire un exemple et de rétablir la discipline en faisant fusiller une vingtaine de pillards par corps d'armée. Le maréchal Bazaine, tout en le félicitant sur la belle conduite des troupes de la brigade mixte, l'éconduisit, et, fai-

---

[1] *Relation de l'État-Major allemand*. 2e partie, t. I, page 272.
[2] *Le Général Lapasset*, t. II, p. 150.

sant allusion au long séjour du général Lapasset en Algérie, lui dit qu'une armée de 100,000 hommes ne se conduisait pas comme un goum.

Quelques jours après, les sorties du 26 et du 31 rendirent un peu d'espoir à l'armée. Leur insuccès fut apprécié par le général Lapasset en des termes que nous avons relaté en racontant ces opérations.

Enhardi par la facilité avec laquelle le front Peltre—Mercy était tombé le 27 septembre entre ses mains, le général Lapasset conçut le projet de faire dans les lignes d'investissement ennemies une trouée par où passerait l'armée de Metz. Il soumit son plan, par écrit, au maréchal Bazaine le 29 septembre[1]. L'armée, disait, en principe, le général Lapasset, tournait dans un cercle vicieux. On donnait aux chevaux l'avoine et même le blé qui eussent été si nécessaires pour les soldats; ces denrées, d'autre part, n'étant pas suffisantes, on était obligé d'abattre les chevaux qu'on ne pouvait nourrir. Ne pouvait on pas séparer les bêtes qui pouvaient encore faire un bon service de celles que leur état empêchait de marcher ? Ces dernières étaient en nombre suffisant pour servir à l'alimentation de la troupe. Avec les autres il était encore possible de constituer par régiment deux escadrons de cent chevaux de choix. On nourrirait grassement ces chevaux pendant deux ou trois jours, puis, à la faveur d'une opération dans le genre de celle de Peltre, on pratiquerait une trouée par où s'échapperait la cavalerie[2]. Les régiments, conduits par leur colonel, s'en iraient chacun pour leur compte en évitant les bois et les villages; puis, couperaient les lignes télégraphiques et celles du chemin de fer, intercepteraient les convois de vivres. La cavalerie allemande autour de Metz n'était pas très nombreuse à cette époque, en raison des nécessités de l'investissement de Paris et de la garde des communications[3].

---

[1] *Le Général Lapasset*, p. 173.

[2] Vers le 10 septembre, Bazaine avait songé à faire agir la cavalerie sur la rive droite de la Moselle. Grâce à son irruption soudaine, il pensait pouvoir pratiquer une trouée par où passerait l'armée. Le général du Preuil et 4 régiments de cavalerie devaient être chargés de cette opération. (Général JARRAS, *Mémoires*, p. 217.)

[3] Il n'y avait plus, en dehors de la cavalerie des corps d'armée, que la IIIe division de cavalerie.

C'était là pour la cavalerie française une chance de plus de succès.

Comme il fallait s'y attendre, le maréchal Bazaine n'attacha aucune importance à ce projet, et les choses en restèrent là.

Du 3 au 7 octobre, de petites opérations, des préparatifs de départ, purent faire croire aux troupes que l'instant d'une sortie décisive approchait. Le 4 octobre, le maréchal Bazaine, réunissant les commandants de corps d'armée, leur exposa le plan d'une sortie vers Thionville par les deux rives de la Moselle[1]. Le 2e corps et la brigade Lapasset devaient former l'arrière-garde. Aucune suite ne fut donnée à ce projet. « Ce n'était pas par la plaine, dit à ce sujet le général Lapasset, que l'on aurait dû tenter l'attaque ; mais bien par les hauteurs de Saulny, de Norroy et de Fèves. Malheureusement cette ligne de crêtes était boisée et fortement occupée ; les bois avaient été dans toutes les affaires la cause des insuccès de nos soldats et ils éprouvaient à y combattre une répugnance fatale... C'est probablement cette connaissance des sentiments de nos soldats qui décida le Maréchal à attaquer par la plaine[2]. »

Le 6 octobre il fut question d'une grande opération de ravitaillement ayant pour but d'enlever les approvisionnements accumulés par les Allemands à Courcelles-sur-Nied. Les troupes qui devaient y prendre part sous le commandement du maréchal Le Bœuf, étaient le 3e corps, une division du 2e, la division des Voltigeurs de la garde et la brigade mixte Lapasset. Mais on apprit que les Allemands avaient reporté plus en arrière leurs magasins dans la crainte d'une attaque ; la sortie, dès lors, était sans objet.

Le 7, eut lieu l'affaire des Grandes et Petites-Tapes, qui sembla le présage d'une opération plus sérieuse. Puis, le silence se fit sur les projets de sortie.

A partir de ce moment, le général Lapasset, désespérant de voir le maréchal Bazaine donner jamais suite aux idées de sortie, se mit à étudier pour son propre compte les moyens de faire une percée avec sa brigade. Son aide de camp fut chargé de relever très exactement les positions ennemies en avant du front de la

---

[1] Général JARRAS, *Mémoires*, p. 235.
[2] *Le Général Lapasset*, t. II, p. 179.

brigade et de tracer l'itinéraire ; le chef des partisans dut travailler dans le même sens et essayer de se procurer des guides. Il s'agissait de s'échapper à la faveur de la nuit, en passant à travers les postes et les lignes ennemies, et de gagner ensuite à marches forcées Delme, Dieuze et les Vosges. C'était là un projet audacieux : traverser les trois lignes de défense des Allemands, hérissées d'obstacles et bien gardées, n'était pas chose facile. Mais le général Lapasset avait pressenti les chefs de corps des 84e et 97e, et il était sûr de son monde.

Sur ces entrefaites avaient eu lieu le voyage du général Boyer à Versailles et le conseil de guerre du 19 octobre, à la suite duquel, on le sait, le général Boyer partit pour Londres.

Le 22, pressentant que la débâcle était proche, le général Lapasset, avant de prendre l'initiative de faire sa trouée, alla une dernière fois trouver Bazaine. Il était auprès de lui quand le maréchal Canrobert entra. Les deux maréchaux le prièrent de rester. Alors, à la grande joie du général Lapasset, le commandant en chef leur confia que si la réponse de l'impératrice tardait à arriver, il était décidé à sortir coûte que coûte. Cette fois, l'objectif devait être Château-Salins. Les 6e et 4e corps devaient prendre la route de Cheminot ; la Garde et la brigade Lapasset au centre, celle de Nomeny ; les 2e et 3e corps celle de Strasbourg. « Il nous faudra rudement marcher, dit le maréchal, car le salut est au prix de 60 kilomètres dans les premières vingt-quatre heures. » Voici comment le général Lapasset rapporte la fin de cet entretien avec Bazaine : « Cet exposé me remplit de joie ; il rentrait complètement dans mes principes et mes convictions. Je ne pus maîtriser mon élan et, me levant, je dis au maréchal Bazaine : « Monsieur le Maréchal, nous sommes la der-
« nière armée française, et, si nous devons succomber, il faut
« que la postérité se découvre devant nous ! — Non, me dit-il,
« nous leur passerons sur le corps. » Puis il ajouta : « Je n'ai
« pas besoin de vous recommander le secret et le silence le
« plus absolu. Messieurs, allez à vos quartiers et attendez mes
« ordres [1]. »

Ces ordres, hélas, ne vinrent jamais ! Le 24 octobre eut lieu

---

[1] *Le Général Lapasset*, t. II, p. 192-193.

un nouveau conseil de guerre. Bazaine fit encore miroiter aux yeux de ses subordonnés l'idée de cette sortie vers le sud ; mais, devant les opinions contradictoires des généraux, il n'insista pas et la capitulation fut décidée.

Les conclusions de ce conseil de guerre arrivèrent jusqu'aux oreilles du général Lapasset, qui résolut de mettre son projet à exécution. Déjà, la veille et l'avant-veille, il avait passé ses troupes en revue et, dans une allocution chaleureuse, les avait invitées à se préparer à se faire jour à travers les lignes ennemies ; les soldats « avaient énergiquement répondu à sa voix, disant qu'ils ne mettraient jamais bas les armes[1] ».

L'itinéraire que devait prendre la brigade mixte était ainsi fixé : du Sablon elle devait gagner le pont du chemin de fer de Magny, puis marcher à travers champs entre le ruisseau Saint-Pierre et la voie ferrée, afin de traverser la route de Strasbourg entre Chesny et Frontigny. Elle passerait ensuite entre Mécleuves et Sorbey, puis entre Pontoy et Aube, tenterait d'atteindre Delme le premier jour, Dieuze le second et de là les Vosges. Un paysan de Mécleuves, trouvé par le chef des partisans, devait servir de guide.

Le départ devait avoir lieu de nuit. Les malades, les bagages, l'artillerie, les voitures, les havresacs seraient laissés à Metz. Les hommes n'emporteraient sur eux que les cartouches, trois ou quatre jours de vivres dans leur musette et leur toile de tente roulée en sautoir. Les partisans devaient naturellement éclairer la marche, précédant à 1 kilomètre l'avant-garde, que suivraient à la même distance les bataillons déployés à 100 pas d'intervalle. La consigne serait d'aborder les positions à la baïonnette, de ne pas répondre au feu de l'ennemi et d'aller toujours de l'avant, coûte que coûte.

C'était là, somme toute, une entreprise très hasardeuse. Il fallait d'abord enlever la ligne des grand'gardes, passer entre le bois de L'Hôpital et l'intersection de la route et du chemin de fer qui, tous deux, avaient été fortifiés ; puis franchir la seconde ligne de défense entre Chesny et Frontigny, au nord de laquelle avait été construite une redoute (*31*e brigade allemande), et enfin

---

[1] *Le Général Lapasset*, p. 198.

aborder la troisième ligne, la plus forte, à hauteur de Mécleuves (*29ᵉ brigade*).

Le mardi 25 octobre, dans l'après-midi, avant de donner l'ordre de départ, le général Lapasset, agité par des scrupules divers, voulant au moins avoir l'appui moral de quelques généraux, se rendit sur la rive gauche. Il y trouva les troupes dans un état infiniment précaire, ne vivant plus que de leurs 750 grammes de viande de cheval, incapables de prendre le moindre repos sur un sol glaiseux, détrempé par les interminables pluies. Il alla trouver le général de Ladmirault, commandant le 4ᵉ corps, qui lui dit que « vouloir se faire jour serait une folie ». Il se rendit ensuite chez le général Deligny, commandant la division des Voltigeurs de la garde. Là encore, il n'eut aucun encouragement. « Mais, lui fut-il répondu, au point où nous en sommes, un chef qui voudrait se faire jour se rendrait coupable d'un crime. Allons, mon ami, de la résignation et ouvrez les yeux à la cruelle évidence [1]. »

Devant les avis de ces généraux pour lesquels il professait la plus vive admiration, craignant d'être taxé d'indiscipline et de faire inutilement couler le sang de ses soldats, le général Lapasset, la mort dans l'âme, renonça à ses projets.

Deux jours après, le 27, la convention d'après laquelle l'armée de Metz se rendait prisonnière de guerre était signée par les généraux Jarras et Stiehle. Elle ne fut officiellement connue par la troupe que le lendemain. Les clauses devaient en être immédiatement exécutées.

Une partie de la population de Metz, on le sait, se révolta, à la nouvelle de cette capitulation ; l'émeute gronda un instant dans la ville. Connaissant l'énergie que le général Lapasset avait déployée pour décider le commandant en chef à sortir coûte que coûte, quelques notables vinrent le trouver et lui proposèrent de prendre le commandement de la place de Metz et d'organiser une résistance à outrance. Le général Lapasset, tout en manifestant son estime pour le patriotisme des Messins, avait des idées trop nettes sur la discipline pour se mettre en rébellion ouverte

---

[1] *Le Général Lapasset*, t. II, p. 190.

avec ses chefs. Il refusa, et les notables durent se retirer. Quelques instants après, une délégation d'élèves de l'École d'application d'artillerie vint solliciter l'autorisation de se joindre à la brigade mixte et de participer à la trouée que le général Lapasset, croyaient-ils, était encore disposé à tenter.

Dans l'après-midi de cette triste journée du 28, eut lieu le versement des armes. Les régiments de la brigade mixte, comme ceux du 2º corps, se rendirent au fort Queuleu où les armes furent remises entre les mains d'une commission française qui devait ensuite les verser aux ennemis. Les chevaux devaient être rendus aux autorités prussiennes le lendemain matin sur les glacis du fort Saint-Julien. Quant aux partisans de la brigade mixte, qui avaient brisé leurs armes et vendu leurs chevaux à des paysans, ils rejoignirent leurs régiments respectifs dans la matinée du 29.

Pour les drapeaux, voici comment les choses se passèrent : Le 27, dans la soirée, le général Lapasset reçut l'ordre d'envoyer ses drapeaux à l'arsenal où ils devaient être brûlés. Le général, ne pouvant se résoudre à abandonner ainsi ses aigles et flairant un piège, fit appeler le lendemain matin les chefs de corps des 84º et 97º et leur donna l'ordre de brûler les drapeaux de leurs régiments. Les lieutenants-colonels Doumenjou et Bézard firent immédiatement incinérer leurs aigles [1] Cette opération se passa très simplement, sans ostentation et sans déploiement de solennité, comme il convenait d'ailleurs en cette triste circonstance [2]. Le lieutenant-colonel Doumenjou, après avoir fait mettre en morceaux le drapeau du 84º, le fit brûler dans la cheminée de son logement au Sablon, en présence du capitaine fonctionnaire major et de l'officier payeur; des fragments de l'aigle, de l'étoffe et des banderolles furent toutefois arrachés aux flammes

---

[1] D'après les communications de plusieurs anciens officiers de la brigade mixte, les chefs de corps des 84º et 97º auraient d'eux-mêmes pris l'initiative de faire brûler leurs drapeaux. D'autre part, le général Lapasset, dans son *Récit du siège de Metz*, à la date du 29 octobre 1870, a formellement écrit : « Hier, j'ai fait brûler mes drapeaux..... », affirmation qu'il a d'ailleurs réitérée au procès de Bazaine.

[2] Un tableau de Beaumetz, exposé au Salon de 1880 et souvent reproduit par la gravure, figure le général Lapasset faisant brûler ses aigles devant tous les officiers de la brigade, pendant que la garde des drapeaux présente les armes. Cette scène n'a jamais existé que dans l'imagination de l'artiste.

et distribués ensuite à la majeure partie des officiers du régiment. Les choses se passèrent d'une façon analogue au 97e.

A la suite de cette incinération, le général Lapasset envoya au général Frossard cette lettre conçue en termes si nets et si élevés : « Mon Général, la brigade mixte ne rend ses drapeaux à personne et ne se repose sur personne de la triste mission de les brûler ; elle l'a accompli elle-même ce matin : j'ai entre les mains les procès-verbaux de cette lugubre opération. »

L'étendard du 3e lanciers avait été, comme ceux de toute la cavalerie, déposé à l'arsenal de Metz au début de la campagne. Le général Lapasset donna l'ordre au colonel Torel de s'assurer que son étendard avait bien été détruit. Le colonel se rendit à Metz et en rapporta le procès-verbal de l'opération, qui avait eu lieu en présence d'officiers d'artillerie [1].

Le lendemain 29, entre midi et 2 heures, les soldats de l'armée de Metz, désarmés et conduits par leurs officiers de semaine, devaient se constituer prisonniers. Pour le 2e corps et la brigade mixte Lapasset, la remise des hommes entre les mains des autorités allemandes se fit sur la route de Nomeny, à hauteur de la ferme Saint-Thiébault, entre Magny et Pouilly, en présence du général von Gœben, commandant le VIIIe corps. Le général Lapasset adressa à ses soldats une dernière allocution, leur rappelant les espoirs passés, les exhortant à ne pas se laisser aller au découragement dans l'exil et leur faisant entrevoir des jours meilleurs. « Le cri de : « Vive la France ! » par lequel il termine sa touchante et patriotique allocution est répété non seulement par la brigade mixte tout entière, mais aussi par les régiments voisins [2]. »

Les officiers de la brigade mixte et ceux du 2e corps prirent à la gare de Metz, le 1er novembre, le train qui devait les conduire en Allemagne. Le général Lapasset choisit Düsseldorf comme résidence.

Quant aux hommes de sa brigade, ils furent internés en différents endroits, en particulier à Magdebourg, Rudolstadt, Er-

---

[1] On sait en effet que le colonel de Girels, commandant l'arsenal, avait eu le temps de faire détruire un certain nombre de drapeaux, dont ceux de la cavalerie, avant que Bazaine eut donné le contre-ordre.

[2] *Historique du 15e dragons* (ancien 3e lanciers).

fürth, Ingolstadt... Un grand nombre d'entre eux, minés par les souffrances du siège, moururent dans les hôpitaux de Mayence.

Telle fut la fin de la brigade mixte. Tous ses membres emportaient dans l'exil l'amer regret que l'aveuglement insensé de Bazaine les eût empêchés de travailler jusqu'au bout au salut de leur pays « Pour moi, écrivit plus tard son chef, j'étais alors et je reste toujours convaincu que la dernière armée française tombant, devait le faire de façon que la postérité se découvrit devant elle ![1] »

---

[1] *Le Général Lapasset*, t. II, p. 195.

Paris . — Imp. R. Chapelot et Cⁱᵉ, rue Christine, 2